国家出版基金项目
NATIONAL PUBLICATION FOUNDATION

中国特色社会主义根本政治制度
人民代表大会制度纪实

人大会议工作纪实（目录）

主　编 李正斌 副主编 高　嚣

中国出版集团
中国民主法制出版社
全国百佳图书出版单位

图书在版编目（CIP）数据

人大会议工作纪实：目录/李正斌主编；高罄副主编．—北京：中国民主法制出版社，2024.2

（中国特色社会主义根本政治制度：人民代表大会制度纪实/杨积堂，吴高盛主编）

ISBN 978-7-5162-3529-4

Ⅰ.①人…　Ⅱ.①李…　Ⅲ.①全国人民代表大会—会议资料　Ⅳ.①D622

中国国家版本馆 CIP 数据核字（2024）第 041358 号

图书出品人：刘海涛
出 版 统 筹：贾兵伟
责 任 编 辑：张　霞

书名/人大会议工作纪实（目录）
作者/主　编　李正斌　　副主编　高　罄

出版·发行/中国民主法制出版社
地址/北京市丰台区右安门外玉林里 7 号（100069）
电话/（010）63055259（总编室）　83910658　63056573（人大系统发行）
传真/（010）63055259
http：// www. npcpub. com
E-mail：mzfz@ npcpub. com
开本/16 开　700 毫米 × 1000 毫米
印张/9. 5　**字数**/84 千字
版本/2024 年 6 月第 1 版　2024 年 6 月第 1 次印刷
印刷/三河市宏图印务有限公司

书号/ISBN 978-7-5162-3529-4
定价/35. 00 元

中国特色社会主义根本政治制度

——人民代表大会制度纪实

编委会

出版说明

“乔木亭亭倚盖苍，栉风沐雨自担当。”在第一届全国人民代表大会第一次会议上，毛泽东同志向世人宣告：“我们正在做我们的前人从来没有做过的极其光荣伟大的事业。我们的目的一定要达到。我们的目的一定能够达到。”

从1954到2024年，人民代表大会制度已走过70年。为记录人民代表大会制度发展历程，宣传中国特色社会主义根本政治制度，阐释中国特色社会主义道路自信、制度自信，中国民主法制出版社于2017年策划“中国特色社会主义根本政治制度——人民代表大会制度纪实”项目，计划用1600万字20册图书，对人民代表大会制度在我国的建立发展进行较完整的记录。

历时6年，几易框架，无数次讨论修改，最终收稿3000万字。3000万字分理论和纪实两大部分，详述人民代表大会的制度总论、发展历程、自身建设及立法、重大事项决定、选举任免、监督、代表、会议、对外交往等重要工作。理论部分340余万字，其中自身建设、重大事项和对外交往三个板块根据工作实际和写作安排，理论纪实合为一册，归入理论板块。立法、监督、选举任免、代表工作、会议五个板块的纪实部分共计2600余万字。两大部分通过梳理历届全国人民代表大会会议议程，记录我国根本政治制度的发展历程；通过收录全国人民代表大会及其常务委员会会议作出的决定、批准的重大事项等文件及各专门委员会的文件、报告，为研究中国特色人民代表大会制度整理、保存重要文献，宣传实现我国全过程人民民主的重要制度载体的工作机制。

为保持项目的完整性和对人民代表大会制度记录的客观性，同时适应新时代资料保存查阅的新方式新手段，经多次组织专家讨论、内部研究，项目用20册图书、40个视频、1个数据库将这3000余万字全部收录，将人民代表大会制度70年的历程完整记录、如实呈现。其中人大立法工作纪实、人大监督工作纪实、人大会议工作纪实的具体内容均收入“人民代表大会制度纪实”数据库，目录作为索引以图书形式呈现。

项目实施过程中，从总顾问王汉斌同志、编委会主任乔晓阳同志，到刚入校门的大学生，先后百余人参与其中。从框架搭建、内容研讨、资料收集、板块汇编、归类整理到书稿撰写、初稿审读、编辑加工，我们遇到许多意想不到的困难，好在“众人拾柴火焰高”，各方都投入了极大热情，这些困难也一一得到克服。其间，全国人大图书馆、全国人大有关同志给予了我们雪中送炭般的支持。

人民代表大会制度植根于中国历史文化沃土，蕴含着中华文明丰富的政治智慧和治理经验，体现了天下为公、天下大同的社会理想，九州共贯、多元一体的大一统传统，民惟邦本、本固邦宁的民本思想，德主刑辅、法明令行的法治精神。新的伟大征程上，我们要更加坚定制度自信，不断发展具有强大生命力的全过程人民民主。

2024 年是中华人民共和国成立 75 周年，也是全国人民代表大会成立 70 周年、地方人大设立常委会 45 周年，谨以“中国特色社会主义根本政治制度——人民代表大会制度纪实”向祖国献礼！

“六年磨一剑”，其中一定还有许多疏漏和不足，我们希望“中国特色社会主义根本政治制度——人民代表大会制度纪实”项目能为坚持好、完善好、运行好人民代表大会制度尽微薄之力。

2024 年 6 月

总序

习近平总书记指出，人民代表大会制度是坚持党的领导、人民当家作主、依法治国有机统一的根本政治制度安排，是党领导国家政权机关的重要制度载体。100 多年前，中国共产党一经诞生，就把为中国人民谋幸福、为中华民族谋复兴确立为自己的初心和使命，为实现人民当家作主进行了不懈探索和奋斗。在新民主主义革命时期，以毛泽东同志为主要代表的中国共产党人，创造性地提出实行人民代表大会制度的构想。1945 年 4 月，毛泽东同志就说："新民主主义的政权组织，应该采取民主集中制，由各级人民代表大会决定大政方针，选举政府。它是民主的，又是集中的，就是说，在民主基础上的集中，在集中指导下的民主。只有这个制度，才既能表现广泛的民主，使各级人民代表大会有高度的权力；又能集中处理国事，使各级政府能集中地处理被各级人民代表大会所委托的一切事务，并保障人民的一切必要的民主活动。"1954 年 9 月，第一届全国人民代表大会第一次会议召开，通过了《中华人民共和国宪法》，标志着人民代表大会制度这一国家根本政治制度正式建立。

经过 70 年的实践发展，人民代表大会制度更加成熟、更加定型，焕发出蓬勃生机活力。2021 年 10 月 13 日习近平在中央人大工作会议上的讲话中强调："实践证明，人民代表大会制度是符合我国国情和实际、体现社会主义国家性质、保证人民当家作主、保障实现中华民族伟大复兴的好制度，是我们党领导人民在人类政治制度史上的伟大创造，是在我国政治发展史乃至世界政治发展史上具有重大意义的全新政治制度。”

70 年来，在中国共产党的领导下，全国人大及其常委会、地方各级人大及其常委会不断探索实践、创新发展，人民代表大会制度的理论体系不断完善，人大工作积累了极其丰富的实践成果。这些理论和实践成果，是进一步坚持好、完善好、运行好人民代表大会制度的重要基石。为了深入贯彻习近平总书记关于坚持和完善人民代表大会制度的重要思想，积极发展全过程人民民主，健全人民当家作主制度体系，继往开来，守正创新，开创人大工作新局面，中国民主法制出版社组织立法机关有关同志、从事人大理论研究的相关学者和人大工作领域的实务专家，对人民代表大会制度的理论和实践进行了全面梳理，形成了“中国特色社会主义根本政治制度——人民代表大会制度纪实”项目，并获得了国家出版基金资助。

项目从人民代表大会制度总论、人民代表大会制度发展历程、人大代表选举制度和人大人事任免制度、人大立法制度、人大代表工作制度、人大讨论决定重大事项制度、人大监督制度、人大会议制度、人大自身建设、人大对外交往工作等十个方面，阐述了“中国特色社会主义根本政治制度——人民代表大会制度”的制度创建、自身建设和发展历程，全面梳理了人大行使立法、监督、决定、选举任免等职权的制度体系，并对人大会议制度、人大代表工作、人大对外交往工作做了详尽汇览。

项目在实施过程中，力图在梳理理论体系的同时，尽量根据现有文献和资料，将人民代表大会制度发展进程中和人大工作全过程各环节相关制度成果加以汇总，为现在和未来的人大工作者、人大理论研究者提供尽可能翔实的人大知识宝库。

这是迄今为止收录内容最为完整的一套人大纪实丛书，为了体现中国特色社会主义根本政治制度的伟力，让更多国人了解和熟悉这一制度的逻辑，每一板块我们都进行了导读设计，从而更有利于读者提纲挈领地加以掌握。

今年是中华人民共和国成立 75 周年，也是全国人民代表大会成立 70 周年。我们谨以“中国特色社会主义根本政治制度——人民代表大会制度纪实”项目，向人民代表大会制度致敬，向祖国献礼。

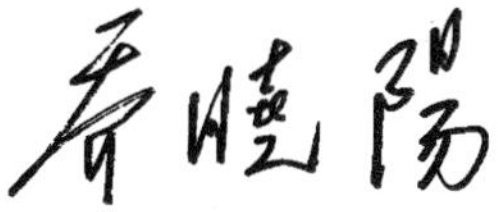

2024 年 6 月

前言

《人大会议工作纪实》对第一届至第十三届全国人民代表大会及其常务委员会历次会议的基本议程、主要内容和突出特点进行立体化、全景式梳理，以真实再现国家最高权力机关发挥职能作用、保证人民当家作主的历史，反映人民代表大会的会议制度和运行机制所经历的从不完善到逐步完善、从不健全到逐步健全、从不规范到逐步规范的曲折发展过程。

基于这一定位，在文献资料收集过程中注重把握以下几点：一是资料的全面性，根据各次会议召开的工作程序和实际议程，尽可能将会议筹备情况和议题内容予以收集；对于特殊历史时期召开的秘密会议和尚未全部公开的秘密文件，则尽可能收集已公开部分的内容，或者比较权威的新闻报道的内容予以佐证。二是资料的客观性，注重收集最原始的反映代表大会和常委会会议召开的资料。三是资料的历史性，对于文献资料中出现的会议议题设定随意性较大，会议议题和程序、议题的名称和格式等前后表述不统一，文字表述或标点符号不一致等问题，本着尊重历史的原则，不进行统一和修正。四是资料的可靠性，尽可能从官方的、公开的、权威的途径收集资料，保证资料质量和文献价值。由于历史变迁、原始资料记载不全或难以查找，本书还有个别文献缺失，有待今后完善。

本书的资料来源主要是历届历次全国人大文件汇编和常委会

公报，人民代表大会制度重要文献选编和文献集成，人民代表大会志、年鉴和大事记，人民日报、中国人大杂志、中国人大网等主流媒体的相关记载和报道。

为更好地保存原始资料，也更方便读者查询，《人大会议工作纪实》具体内容收入“人民代表大会制度纪实”数据库，目录作为全书索引出版。

目录

第一章　第一届全国人民代表大会

第一节　第一届全国人民代表大会第一次会议

一、会议议程与各项名单

（一）第一届全国人民代表大会第一次会议议程

（二）第一届全国人民代表大会第一次会议主席团、秘书长名单

（三）第一届全国人民代表大会第一次会议主席团常务主席名单

（四）第一届全国人民代表大会第一次会议副秘书长名单

（五）第一届全国人民代表大会第一次会议提案审查委员会主任委员和委员名单

（六）第一届全国人民代表大会代表资格审查委员会主任委员、委员名单

二、大会立法

（一）关于中华人民共和国宪法草案的报告

（二）关于中华人民共和国现行法律、法令继续有效的决议

三、工作报告与决议决定

（一）关于政府工作报告的决议

（二）政府工作报告

四、选举任免事项

（一）选举中华人民共和国主席、副主席

（四）第一届全国人民代表大会第二次会议副秘书长名单

（五）第一届全国人民代表大会第二次会议提案审查委员会主任委员和委员名单

二、大会立法

（一）关于中华人民共和国兵役法草案的报告

（二）法案委员会关于中华人民共和国兵役法（草案）的审查报告

（三）关于授权常务委员会制定单行法规的决议

（四）关于撤销燃料工业部设立煤炭工业部、电力工业部、石油工业部、农产品采购部并修改国务院组织法第二条第一款条文的决议

（五）关于撤销热河省西康省并修改地方各级人民代表大会和地方各级人民委员会组织法第二十五条第二款第一项规定的决议

三、工作报告与决议决定

（一）关于发展国民经济的第一个五年计划的决议

（二）关于发展国民经济的第一个五年计划的报告

（三）关于一九五四年国家决算和一九五五年国家预算的决议

（四）关于一九五四年国家决算和一九五五年国家预算的报告

（五）关于一九五四年国家决算和一九五五年国家预算的审查报告

（六）关于根治黄河水害和开发黄河水利的综合规划的决议

（七）关于根治黄河水害和开发黄河水利的综合规划的报告

（八）关于全国人民代表大会常务委员会工作报告的决议

第三节　第一届全国人民代表大会第三次会议

三、工作报告与决议决定

（一）关于1955年国家决算和1956年国家预算的决议

（二）关于1955年国家决算和1956年国家预算的报告

（三）关于全国人民代表大会常务委员会工作报告的决议

（四）全国人民代表大会常务委员会的工作报告

四、选举任免事项

（一）补选全国人民代表大会常务委员会委员

（二）补选全国人民代表大会民族委员会委员

五、其他相关文件

（一）代表资格审查委员会关于补选的代表资格的审查报告

（二）提案审查委员会关于提案的审查报告

第四节　第一届全国人民代表大会第四次会议

一、会议议程与各项名单

（一）第一届全国人民代表大会第四次会议议程

（二）第一届全国人民代表大会第四次会议主席团、秘书长名单

（三）第一届全国人民代表大会第四次会议主席团常务主席名单

（四）第一届全国人民代表大会第四次会议副秘书长名单

（五）第一届全国人民代表大会第四次会议提案审查委员会主任委员和委员名单

二、工作报告与决议决定

（一）关于政府工作报告的决议

（二）政府工作报告

五、其他相关文件

（一）代表资格审查委员会关于补选的代表资格的审查报告

（二）提案审查委员会关于提案的审查报告

第五节　第一届全国人民代表大会第五次会议

一、会议议程与各项名单

（一）第一届全国人民代表大会第五次会议议程

（二）第一届全国人民代表大会第五次会议主席团、秘书长名单

（三）第一届全国人民代表大会第五次会议主席团常务主席名单

（四）第一届全国人民代表大会第五次会议副秘书长名单

（五）第一届全国人民代表大会第五次会议提案审查委员会主任委员和委员名单

二、工作报告与决议决定

（一）关于一九五七年国家预算执行情况和一九五八年国家预算及一九五八年度国民经济计划的决议

（二）关于一九五八年度国民经济计划草案的报告

（三）关于一九五七年国家预算执行情况和一九五八年国家预算草案的报告

（四）关于汉语拼音方案的决议

（五）关于当前文字改革工作和汉语拼音方案的报告

（六）关于全国人民代表大会常务委员会工作报告的决议

（七）全国人民代表大会常务委员会工作报告

（八）关于调整国务院所属组织机构的决定

十三、第十三次会议
十四、第十四次会议
十五、第十五次会议
十六、第十六次会议
十七、第十七次会议
十八、第十八次会议
十九、第十九次会议
二十、第二十次会议
二十一、第二十一次会议
二十二、第二十二次会议
二十三、第二十三次会议
二十四、第二十四次会议
二十五、第二十五次会议
二十六、第二十六次会议
二十七、第二十七次会议
二十八、第二十八次会议
二十九、第二十九次会议
三十、第三十次会议
三十一、第三十一次会议
三十二、第三十二次会议
三十三、第三十三次会议
三十四、第三十四次会议
三十五、第三十五次会议
三十六、第三十六次会议
三十七、第三十七次会议
三十八、第三十八次会议

第二章　第二届全国人民代表大会

第一节　第二届全国人民代表大会第一次会议

一、会议议程与各项名单

（一）第二届全国人民代表大会第一次会议议程

（二）第二届全国人民代表大会第一次会议主席团、秘书长名单

（三）第二届全国人民代表大会第一次会议主席团常务主席名单

（四）第二届全国人民代表大会第一次会议副秘书长名单

（五）第二届全国人民代表大会代表资格审查委员会名单

（六）第二届全国人民代表大会第一次会议提案审查委员会主任委员、委员名单

（七）第二届全国人民代表大会预算委员会主任委员、委员名单

二、工作报告与决议决定

（一）关于政府工作报告、一九五九年国民经济计划、一九五八年国家决算和一九五九年国家预算的决议

（二）政府工作报告

（三）关于一九五九年国民经济计划草案的报告

（四）关于一九五八年国家决算和一九五九年国家预算草案的报告

名单

（三）第二届全国人民代表大会第二次会议主席团常务主席名单

（四）第二届全国人民代表大会第二次会议副秘书长名单

（五）第二届全国人民代表大会第二次会议提案审查委员会名单

二、工作报告与决议决定

（一）关于一九六〇年国民经济计划、一九五九年国家决算和一九六〇年国家预算的决议

（二）关于一九六〇年国民经济计划草案的报告

（三）关于一九五九年国家决算和一九六〇年国家预算草案的报告

（四）关于1959年国家决算和1960年国家预算草案的审查报告

（五）关于全国人民代表大会常务委员会工作报告的决议

（六）全国人民代表大会常务委员会工作报告

（七）关于为提前实现全国农业发展纲要而奋斗的决议

（八）关于为提前实现全国农业发展纲要而奋斗的报告

三、其他相关文件

（一）代表资格审查委员会关于补选的代表资格的审查报告

（二）提案审查委员会关于提案的审查报告

第三节　第二届全国人民代表大会第三次会议

一、会议各项名单

（一）第二届全国人民代表大会第三次会议主席团、秘书长

名单

（二）第二届全国人民代表大会第三次会议主席团常务主席名单

（三）第二届全国人民代表大会第三次会议副秘书长名单

（四）第二届全国人民代表大会第三次会议提案审查委员会名单

二、工作报告与决议决定

（一）关于政府工作报告的决议

（二）政府工作报告

（三）关于全国人民代表大会常务委员会工作报告的决议

（四）全国人民代表大会常务委员会工作报告

三、选举任免事项

决定任命国防委员会副主席

四、其他相关文件

（一）代表资格审查委员会关于补选的代表资格的审查报告

（二）提案审查委员会关于提案的审查意见

第四节　第二届全国人民代表大会第四次会议

一、会议各项名单

（一）第二届全国人民代表大会第四次会议主席团、秘书长名单

（二）第二届全国人民代表大会第四次会议主席团常务主席名单

（三）第二届全国人民代表大会第四次会议副秘书长名单

（四）第二届全国人民代表大会第四次会议提案审查委员会

名单

二、工作报告与决议决定

（一）关于1963年国民经济计划和1964年国民经济计划、1963年国家预算和1964年国家预算初步安排的决议

（二）关于1963年国家预算草案和预算执行情况、1964年国家预算初步安排的报告

（三）关于全国人民代表大会常务委员会工作报告的决议

（四）全国人民代表大会常务委员会工作报告（书面）

三、选举任免事项

关于第三届全国人大代表名额和选举问题的决议

四、其他相关文件

提案审查委员会关于提案的审查意见

第五节　第二届全国人民代表大会常务委员会会议

一、第一次会议

二、第二次会议

三、第三次会议

四、第四次会议

五、第五次会议

六、第六次会议

七、第七次会议

八、第八次会议

九、第九次会议

十、第十次会议

十一、第十一次会议

三十八、第三十八次会议
三十九、第三十九次会议
四十、第四十次会议
四十一、第四十一次会议
四十二、第四十二次会议
四十三、第四十三次会议
四十四、第四十四次会议
四十五、第四十五次会议
四十六、第四十六次会议
四十七、第四十七次会议
四十八、第四十八次会议
四十九、第四十九次会议
五十、第五十次会议
五十一、第五十一次会议
五十二、第五十二次会议
五十三、第五十三次会议
五十四、第五十四次会议
五十五、第五十五次会议
五十六、第五十六次会议
五十七、第五十七次会议
五十八、第五十八次会议
五十九、第五十九次会议
六十、第六十次会议
六十一、第六十一次会议
六十二、第六十二次会议
六十三、第六十三次会议

九十、第九十次会议

九十一、第九十一次会议

九十二、第九十二次会议

九十三、第九十三次会议

九十四、第九十四次会议

九十五、第九十五次会议

九十六、第九十六次会议

九十七、第九十七次会议

九十八、第九十八次会议

九十九、第九十九次会议

一百、第一百次会议

一百零一、第一百零一次会议

一百零二、第一百零二次会议

一百零三、第一百零三次会议

一百零四、第一百零四次会议

一百零五、第一百零五次会议

一百零六、第一百零六次会议

一百零七、第一百零七次会议

一百零八、第一百零八次会议

一百零九、第一百零九次会议

一百一十、第一百一十次会议

一百一十一、第一百一十一次会议

一百一十二、第一百一十二次会议

一百一十三、第一百一十三次会议

一百一十四、第一百一十四次会议

一百一十五、第一百一十五次会议

第三章　第三届全国人民代表大会

第一节　第三届全国人民代表大会第一次会议

一、会议各项名单

（一）第三届全国人民代表大会第一次会议主席团、秘书长名单

（二）第三届全国人民代表大会第一次会议主席团常务主席名单

（三）第三届全国人民代表大会第一次会议副秘书长名单

（四）第三届全国人民代表大会第一次会议提案审查委员会主任委员、委员名单

（五）第三届全国人民代表大会代表资格审查委员会名单

（六）第三届全国人民代表大会预算委员会名单

二、工作报告与决议决定

（一）关于政府工作报告、一九六五年国民经济计划主要指标和一九六五年国家预算初步安排的决议

（二）政府工作报告（摘要）

（三）关于全国人民代表大会常务委员会工作报告的决议

（四）全国人民代表大会常务委员会工作报告

（五）关于最高人民法院工作报告和最高人民检察院工作报告的决议

（六）最高人民法院工作报告

八、第八次会议

九、第九次会议

十、第十次会议

十一、第十一次会议

十二、第十二次会议

十三、第十三次会议

十四、第十四次会议

十五、第十五次会议

十六、第十六次会议

十七、第十七次会议

十八、第十八次会议

十九、第十九次会议

二十、第二十次会议

二十一、第二十一次会议

二十二、第二十二次会议

二十三、第二十三次会议

二十四、第二十四次会议

二十五、第二十五次会议

二十六、第二十六次会议

二十七、第二十七次会议

二十八、第二十八次会议

二十九、第二十九次会议

三十、第三十次会议

三十一、第三十一次会议

三十二、第三十二次会议

三十三、第三十三次会议

第四章　第四届全国人民代表大会

第一节　第四届全国人民代表大会第一次会议

一、会议各项名单

（一）第四届全国人民代表大会第一次会议主席团和秘书长名单

（二）第四届全国人民代表大会第一次会议主席团常务主席名单

二、大会立法

关于修改中华人民共和国宪法的报告

三、工作报告与决议决定

（一）关于政府工作报告的决议

（二）政府工作报告

四、选举任免事项

（一）选举第四届全国人民代表大会常务委员会委员长、副委员长、委员

（二）任命国务院总理、副总理、各部部长、各委员会主任

第二节　第四届全国人民代表大会常务委员会会议

一、第一次会议

二、第二次会议

三、第三次会议

四、第四次会议

第五章　第五届全国人民代表大会

第一节　第五届全国人民代表大会第一次会议

一、会议议程与各项名单

（一）第五届全国人民代表大会第一次会议议程

（二）第五届全国人民代表大会第一次会议主席团和秘书长名单

（三）第五届全国人民代表大会第一次会议主席团常务主席名单

（四）第五届全国人民代表大会第一次会议副秘书长名单

（五）第五届全国人民代表大会代表资格审查委员会名单

二、大会立法

（一）关于修改中华人民共和国宪法的报告

（二）全国人民代表大会公告

三、工作报告与决议决定

（一）关于政府工作报告的决议

（二）政府工作报告

（三）关于确定中华人民共和国国歌的决议

四、选举任免事项

（一）选举全国人民代表大会常务委员会委员长、副委员长、秘书长、委员

（二）决定中华人民共和国国务院总理

（三）决定中国科学院院长、中国社会科学院院长

（四）决定国务院其他组成人员

（五）选举最高人民法院院长、最高人民检察院检察长

五、其他相关文件

代表资格审查委员会关于代表资格的审查报告

第二节　第五届全国人民代表大会第二次会议

一、会议议程与各项名单

（一）第五届全国人民代表大会第二次会议议程

（二）第五届全国人民代表大会第二次会议主席团和秘书长名单

（三）第五届全国人民代表大会第二次会议主席团常务主席名单

（四）第五届全国人民代表大会第二次会议副秘书长名单

（五）第五届全国人民代表大会第二次会议提案审查委员会主任委员、副主任委员和委员名单

（六）第五届全国人民代表大会代表资格审查委员会主任委员、副主任委员和委员名单

（七）第五届全国人民代表大会预算委员会主任委员、副主任委员和委员名单

（八）第五届全国人民代表大会法案委员会主任委员、副主任委员和委员名单

二、大会立法

（一）关于《中华人民共和国地方各级人民代表大会和地方

各级人民政府组织法（草案）》《中华人民共和国全国人民代表大会和地方各级人民代表大会选举法（草案）》《中华人民共和国刑法（草案）》《中华人民共和国刑事诉讼法（草案）》《中华人民共和国人民法院组织法（草案）》《中华人民共和国人民检察院组织法（草案）》《中华人民共和国中外合资经营企业法（草案）》等七个法律草案的说明

（二）关于修正《中华人民共和国宪法》若干规定的决议

三、工作报告与决议决定

（一）关于政府工作报告的决议

（二）政府工作报告

（三）关于1979年国民经济计划、1978年国家决算和1979年国家预算的决议

（四）关于1979年度国民经济计划草案的报告

（五）关于1978年国家决算和1979年国家预算草案的报告

（六）关于全国人民代表大会常务委员会工作报告的决议

（七）全国人民代表大会常务委员会工作报告

（八）关于最高人民法院工作报告和最高人民检察院工作报告的决议

（九）最高人民法院工作报告

（十）最高人民检察院工作报告

四、选举任免事项

（一）补选第五届全国人民代表大会常务委员会副委员长名单

（二）通过第五届全国人民代表大会民族委员会主任委员、副主任委员、委员名单

（三）决定任命国务院副总理名单

（四）决定任命中国科学院院长

五、其他相关文件

（一）代表资格审查委员会关于代表资格的审查报告

（二）提案审查委员会关于提案的审查报告

第三节　第五届全国人民代表大会第三次会议

一、会议议程与各项名单

（一）第五届全国人民代表大会第三次会议议程

（二）第五届全国人民代表大会第三次会议主席团和秘书长名单

（三）第五届全国人民代表大会第三次会议主席团常务主席名单

（四）第五届全国人民代表大会第三次会议副秘书长名单

（五）第五届全国人民代表大会第三次会议提案审查委员会主任委员、副主任委员和委员名单

（六）第五届全国人民代表大会代表资格审查委员会主任委员名单

（七）第五届全国人民代表大会预算委员会主任委员名单

（八）第五届全国人民代表大会法案委员会副主任委员名单（增补）

二、大会立法

（一）关于修改《中华人民共和国宪法》第四十五条的决议

（二）关于修改宪法和成立宪法修改委员会的决议

第四节　第五届全国人民代表大会第四次会议

一、会议议程与各项名单

（一）第五届全国人民代表大会第四次会议议程

（二）第五届全国人民代表大会第四次会议主席团和秘书长名单

（三）第五届全国人民代表大会第四次会议主席团常务主席名单

（四）第五届全国人民代表大会第四次会议副秘书长名单

（五）第五届全国人民代表大会第四次会议提案审查委员会主任委员、副主任委员、委员名单

（六）第五届全国人民代表大会代表资格审查委员会副主任委员名单（增补）

（七）第五届全国人民代表大会法案委员会主任委员名单

二、大会立法

（一）关于经济合同法草案的书面说明

（二）关于外国企业所得税法草案的书面说明

（三）关于经济合同法、外国企业所得税法、民事诉讼法草案的审查报告

（四）关于推迟审议宪法修改草案的决议

三、工作报告与决议决定

（一）关于《当前的经济形势和今后经济建设的方针》报告的决议

（二）关于《当前的经济形势和今后经济建设的方针》报告

（三）关于批准国务院 1980 年国家决算和 1981 年国家概算

执行情况报告的决议

（四）关于1980年国家决算和1981年国家概算执行情况的报告

（五）关于全国人民代表大会常务委员会工作报告的决议

（六）全国人民代表大会常务委员会工作报告

（七）关于最高人民法院工作报告和最高人民检察院工作报告的决议

（八）最高人民法院工作报告

（九）最高人民检察院工作报告

（十）关于开展全民义务植树运动的决议

四、选举任免事项

（一）通过第五届全国人民代表大会民族委员会副主任委员、委员名单（增补）

（二）补选第五届全国人民代表大会常务委员会副委员长

五、其他相关文件

（一）代表资格审查委员会关于代表情况和补选的代表资格的审查报告

（二）提案审查委员会关于提案的审查报告

第五节　第五届全国人民代表大会第五次会议

一、会议议程与各项名单

（一）第五届全国人民代表大会第五次会议议程

（二）第五届全国人民代表大会第五次会议主席团和秘书长名单

（三）第五届全国人民代表大会第五次会议主席团常务主席

名单

（四）第五届全国人民代表大会第五次会议副秘书长名单

（五）第五届全国人民代表大会第五次会议提案审查委员会主任委员、副主任委员、委员名单

二、大会立法

（一）关于中华人民共和国宪法修改草案的报告

（二）关于全国人大组织法草案、国务院组织法草案、关于修改地方各级人大和地方各级人民政府组织法的若干规定的决议草案、关于修改全国人大和地方各级人大选举法的若干规定的决议草案四个法律案的说明

（三）法案委员会关于四个法律案的审查报告

（四）关于修改《中华人民共和国全国人民代表大会和地方各级人民代表大会选举法》的若干规定的决议

（五）关于修改《中华人民共和国地方各级人民代表大会和地方各级人民政府组织法》的若干规定的决议

三、工作报告与决议决定

（一）关于批准国民经济和社会发展第六个五年计划的决议

（二）关于我国国民经济和社会发展第六个五年计划的报告

（三）关于批准国务院 1982 年国家预算执行情况和 1983 年国家预算报告的决议

（四）关于 1982 年国家预算执行情况和 1983 年国家预算草案的报告

（五）关于全国人民代表大会常务委员会工作报告的决议

（六）全国人民代表大会常务委员会工作报告

（七）关于最高人民法院工作报告和最高人民检察院工作报告的决议

第六节　第五届全国人民代表大会常务委员会会议

十二、第十二次会议

十三、第十三次会议

十四、第十四次会议

十五、第十五次会议

十六、第十六次会议

十七、第十七次会议

十八、第十八次会议

十九、第十九次会议

二十、第二十次会议

二十一、第二十一次会议

二十二、第二十二次会议

二十三、第二十三次会议

二十四、第二十四次会议

二十五、第二十五次会议

二十六、第二十六次会议

二十七、第二十七次会议

第六章　第六届全国人民代表大会

第一节　第六届全国人民代表大会第一次会议

一、会议议程与各项名单

（一）第六届全国人民代表大会第一次会议议程

（二）第六届全国人民代表大会第一次会议主席团和秘书长名单

（三）第六届全国人民代表大会第一次会议主席团常务主席名单

（四）第六届全国人民代表大会第一次会议副秘书长名单

（五）第六届全国人民代表大会民族委员会主任委员、副主任委员、委员名单

（六）第六届全国人民代表大会法律委员会主任委员、副主任委员、委员名单

（七）第六届全国人民代表大会财政经济委员会主任委员、副主任委员、委员名单

（八）第六届全国人民代表大会教育科学文化卫生委员会主任委员、副主任委员、委员名单

（九）第六届全国人民代表大会外事委员会主任委员、副主任委员、委员名单

（十）第六届全国人民代表大会华侨委员会主任委员、副主任委员、委员名单

二、工作报告与决议决定

（一）关于政府工作报告的决议

（二）政府工作报告

（三）关于1982年国家决算报告的决议

（四）关于1982年国家决算的报告

（五）关于1983年国民经济和社会发展计划报告的决议

（六）关于1983年国民经济和社会发展计划的报告

（七）关于全国人民代表大会常务委员会工作报告的决议

（八）全国人民代表大会常务委员会工作报告

（九）关于最高人民法院工作报告的决议

（十）最高人民法院工作报告

（十一）关于最高人民检察院工作报告的决议

（十二）最高人民检察院工作报告

三、选举任免事项

（一）选举中华人民共和国主席、副主席

（二）选举全国人民代表大会常务委员会委员长、副委员长、秘书长、委员

（三）决定中华人民共和国国务院总理

（四）选举中华人民共和国中央军事委员会主席

（五）决定中央军事委员会副主席、委员

（六）决定国务院其他组成人员

（七）选举最高人民法院院长

（八）选举最高人民检察院检察长

四、其他相关文件

（一）第六届全国人民代表大会第一次会议选举、表决和通过议案办法

（九）关于最高人民法院工作报告的决议

（十）最高人民法院工作报告

（十一）关于最高人民检察院工作报告的决议

（十二）最高人民检察院工作报告

（十三）关于海南行政区建置的决定

（十四）关于成立海南行政区人民政府的说明

四、选举任免事项

补选第六届全国人民代表大会常务委员会委员

五、其他相关文件

关于代表议案处理意见的报告

第三节　第六届全国人民代表大会第三次会议

一、会议议程与各项名单

（一）第六届全国人民代表大会第三次会议议程

（二）第六届全国人民代表大会第三次会议主席团和秘书长名单

（三）第六届全国人民代表大会第三次会议主席团常务主席名单

（四）第六届全国人民代表大会第三次会议副秘书长名单

二、大会立法

（一）关于授权国务院在经济体制改革和对外开放方面可以制定暂行的规定或者条例的决定草案的说明

（二）关于授权国务院在经济体制改革和对外开放方面可以制定暂行的规定或者条例的决定

（三）关于《中华人民共和国继承法（草案）》的说明

五、其他相关文件

关于代表议案处理意见的报告

第四节　第六届全国人民代表大会第四次会议

一、会议议程与各项名单

（一）第六届全国人民代表大会第四次会议议程

（二）第六届全国人民代表大会第四次会议主席团和秘书长名单

（三）第六届全国人民代表大会第四次会议主席团常务主席名单

（四）第六届全国人民代表大会第四次会议副秘书长名单

二、大会立法

（一）关于民法通则草案的说明

（二）关于义务教育法草案的说明

（三）关于外资企业法草案的说明

（四）关于民法通则草案、义务教育法草案和外资企业法草案审议结果的报告

三、工作报告与决议决定

（一）关于第七个五年计划和第七个五年计划报告的决议

（二）关于我国国民经济和社会发展第七个五年计划的报告

（三）关于1986年国民经济和社会发展计划的决议

（四）关于1986年国民经济和社会发展计划草案的报告

（五）关于1985年国家预算执行情况和1986年国家预算的决议

（六）关于1985年国家预算执行情况和1986年国家预算草

的说明

（二）关于《中华人民共和国村民委员会组织法（草案）》的决定

三、工作报告与决议决定

（一）关于政府工作报告的决议

（二）政府工作报告

（三）关于1987年国民经济和社会发展计划的决议

（四）关于1987年国民经济和社会发展计划草案的报告

（五）关于1986年国家预算执行情况和1987年国家预算的决议

（六）关于1986年国家预算执行情况和1987年国家预算草案的报告

（七）关于全国人民代表大会常务委员会工作报告的决议

（八）全国人民代表大会常务委员会工作报告

（九）关于最高人民法院工作报告和最高人民检察院工作报告的决议

（十）最高人民法院工作报告

（十一）最高人民检察院工作报告

（十二）关于本届全国人民代表大会常务委员会职权的决议

（十三）审议和批准中葡两国政府关于澳门问题的联合声明

（十四）关于中国政府和葡萄牙共和国政府关于澳门问题的联合声明草签文本的报告和有关问题的说明

四、选举任免事项

（一）关于第七届全国人民代表大会代表名额和选举问题的决定

（二）补选第六届全国人民代表大会常务委员会委员

第六节　第六届全国人民代表大会常务委员会会议

二十一、第二十一次会议

二十二、第二十二次会议

二十三、第二十三次会议

二十四、第二十四次会议

二十五、第二十五次会议

第七章　第七届全国人民代表大会

第一节　第七届全国人民代表大会第一次会议

一、会议议程与各项名单

（一）第七届全国人民代表大会第一次会议议程

（二）第七届全国人民代表大会第一次会议主席团和秘书长名单

（三）第七届全国人民代表大会第一次会议主席团常务主席名单

（四）第七届全国人民代表大会第一次会议副秘书长名单

（五）第七届全国人民代表大会民族委员会主任委员、副主任委员、委员名单

（六）第七届全国人民代表大会法律委员会主任委员、副主任委员、委员名单

（七）第七届全国人民代表大会内务司法委员会主任委员、副主任委员、委员名单

（八）第七届全国人民代表大会财政经济委员会主任委员、副主任委员、委员名单

（九）第七届全国人民代表大会教育科学文化卫生委员会主任委员、副主任委员、委员名单

（十）第七届全国人民代表大会外事委员会主任委员、副主任委员、委员名单

（十一）第七届全国人民代表大会华侨委员会主任委员、副主任委员、委员名单

二、大会立法

（一）关于成立澳门特别行政区基本法草案委员会的决定

（二）关于中华人民共和国宪法修正案草案的说明

（三）关于全民所有制工业企业法草案的说明

（四）关于中外合作经营企业法草案的说明

三、工作报告与决议决定

（一）关于政府工作报告的决议

（二）政府工作报告

（三）关于1988年国民经济和社会发展计划的决议

（四）关于1988年国民经济和社会发展计划草案的报告

（五）关于1987年国家预算执行情况和1988年国家预算的决议

（六）关于1987年国家预算执行情况和1988年国家预算草案的报告

（七）关于全国人民代表大会常务委员会工作报告的决议

（八）全国人民代表大会常务委员会工作报告

（九）关于最高人民法院工作报告的决议

（十）最高人民法院工作报告

（十一）关于最高人民检察院工作报告的决议

（十二）最高人民检察院工作报告

（十三）关于国务院机构改革方案的决定

（十四）关于国务院机构改革方案的说明

（十五）关于设立海南省的决议

（十六）关于设立海南省的议案的说明

（十七）关于建立海南经济特区的决议

（十八）关于提请审议建立海南经济特区议案的说明

四、选举任免事项

（一）第七届全国人民代表大会第一次会议选举办法

（二）选举中华人民共和国主席、副主席

（三）选举全国人民代表大会常务委员会委员长、副委员长、秘书长、委员

（四）选举中华人民共和国中央军事委员会主席

（五）决定中华人民共和国国务院总理

（六）决定中央军事委员会副主席、委员

（七）选举最高人民法院院长

（八）选举最高人民检察院检察长

（九）决定国务院其他组成人员

（十）同意赵紫阳辞去国务院总理职务的请求

五、其他相关文件

（一）关于通过议案和第七届全国人民代表大会各专门委员会组成人员人选办法

（二）代表资格审查委员会关于代表资格的审查报告

（三）关于代表议案处理意见的报告

（四）杨尚昆主席讲话

（五）万里委员长讲话

第二节　第七届全国人民代表大会第二次会议

一、会议议程与各项名单

（一）第七届全国人民代表大会第二次会议议程

（二）第七届全国人民代表大会第二次会议主席团和秘书长名单

（三）第七届全国人民代表大会第二次会议主席团常务主席名单

（四）第七届全国人民代表大会第二次会议副秘书长名单

二、大会立法

（一）关于行政诉讼法草案的说明

（二）关于全国人民代表大会议事规则草案的说明

（三）关于国务院提请审议授权深圳市制定深圳经济特区法规和规章的议案的决定

三、工作报告与决议决定

（一）关于政府工作报告的决议

（二）政府工作报告

（三）关于1989年国民经济和社会发展计划报告的决议

（四）关于1989年国民经济和社会发展计划草案的报告

（五）关于1988年国家决算和1989年国家预算的决议

（六）关于1988年国家决算和1989年国家预算草案的报告

（七）关于全国人民代表大会常务委员会工作报告的决议

（八）全国人民代表大会常务委员会工作报告

（九）关于最高人民法院工作报告的决议

（十）最高人民法院工作报告

（十一）关于最高人民检察院工作报告的决议

（十二）最高人民检察院工作报告

四、其他相关文件

关于代表议案处理意见的报告

第三节　第七届全国人民代表大会第三次会议

一、会议议程与各项名单

（一）第七届全国人民代表大会第三次会议议程

（二）第七届全国人民代表大会第三次会议主席团和秘书长名单

（三）第七届全国人民代表大会第三次会议主席团常务主席名单

（四）第七届全国人民代表大会第三次会议副秘书长名单

二、大会立法

（一）关于《中华人民共和国香港特别行政区基本法（草案)》及有关文件的说明

（二）关于《中华人民共和国中外合资经营企业法修正案（草案)》的说明

（三）关于《中华人民共和国香港特别行政区基本法（草案)》的审议程序和表决办法

（四）关于《中华人民共和国香港特别行政区基本法》的决定

（五）关于修改《中华人民共和国中外合资经营企业法》的决定

三、工作报告与决议决定

（一）关于政府工作报告的决议

（二）政府工作报告

（三）关于1989年国民经济和社会发展计划执行情况与1990年计划的决议

（四）关于1989年国民经济和社会发展计划执行情况与1990年计划草案的报告

（五）关于1989年国家预算执行情况和1990年国家预算的决议

（六）关于1989年国家预算执行情况和1990年国家预算草案的报告

（七）关于全国人民代表大会常务委员会工作报告的决议

（八）全国人民代表大会常务委员会工作报告

（九）关于最高人民法院工作报告的决议

（十）最高人民法院工作报告

（十一）关于最高人民检察院工作报告的决议

（十二）最高人民检察院工作报告

（十三）关于批准香港特别行政区基本法起草委员会关于设立全国人大常委会香港特别行政区基本法委员会的建议的决定

（十四）关于设立香港特别行政区的决定

（十五）关于香港特别行政区第一届政府和立法会产生办法的决定

四、选举任免事项

（一）第七届全国人民代表大会第三次会议选举和决定任免办法

（二）选举中华人民共和国中央军事委员会主席

（三）补选第七届全国人民代表大会常务委员会委员

（四）关于接受贺敬之、伍觉天辞去第七届全国人民代表大会常务委员会委员职务的请求的决定

（五）决定中华人民共和国中央军事委员会副主席

五、其他相关文件

关于代表议案处理意见的报告

第四节　第七届全国人民代表大会第四次会议

一、会议议程与各项名单

（一）第七届全国人民代表大会第四次会议议程

（二）第七届全国人民代表大会第四次会议主席团和秘书长名单

（三）第七届全国人民代表大会第四次会议主席团常务主席名单

（四）第七届全国人民代表大会第四次会议副秘书长名单

二、大会立法

（一）关于民事诉讼法试行修改草案的说明

（二）关于外商投资企业所得税法草案的说明

三、工作报告与决议决定

（一）关于国民经济和社会发展十年规划和第八个五年计划纲要及纲要报告的决议

（二）关于国民经济和社会发展十年规划和第八个五年计划纲要（草案）

（三）关于国民经济和社会发展十年规划和第八个五年计划纲要的报告

（四）关于1990年国民经济和社会发展计划的执行情况、1991年国民经济和社会发展计划的决议

（五）关于1990年国民经济和社会发展计划执行情况与1991年国民经济和社会发展计划草案的报告

（六）关于1990年国家预算执行情况和1991年国家预算的决议

（七）关于1990年国家预算执行情况和1991年国家预算草案的报告

（八）关于全国人民代表大会常务委员会工作报告的决议

（九）全国人民代表大会常务委员会工作报告

（十）关于最高人民法院工作报告的决议

（十一）最高人民法院工作报告

（十二）关于最高人民检察院工作报告的决议

（十三）最高人民检察院工作报告

四、选举任免事项

（一）第七届全国人民代表大会第四次会议选举和决定任命办法

（二）决定任命国务院副总理、国务委员

（三）补选第七届全国人民代表大会常务委员会委员

五、其他相关文件

关于代表议案处理意见的报告

第五节 第七届全国人民代表大会第五次会议

一、会议议程与各项名单

（一）第七届全国人民代表大会第五次会议议程

（二）第七届全国人民代表大会第五次会议主席团和秘书长名单

（三）第七届全国人民代表大会第五次会议主席团常务主席名单

（四）第七届全国人民代表大会第五次会议副秘书长名单

二、大会立法

（一）关于《中华人民共和国全国人民代表大会和地方各级人民代表大会代表法（草案）》的说明

（二）关于《中华人民共和国工会法（修改草案）》的说明

（三）关于《中华人民共和国妇女权益保障法（草案）》的说明

三、工作报告与决议决定

（一）关于政府工作报告的决议

（二）政府工作报告

（三）关于1991年国民经济和社会发展计划执行情况与1992年国民经济和社会发展计划的决议

（四）关于1991年国民经济和社会发展计划执行情况与1992年国民经济和社会发展计划草案的报告

（五）关于1991年国家预算执行情况和1992年国家预算的决议

（六）关于1991年国家预算执行情况和1992年国家预算草案的报告

（七）关于全国人民代表大会常务委员会工作报告的决议

（八）全国人民代表大会常务委员会工作报告

（九）关于最高人民法院工作报告和最高人民检察院工作报告的决议

（十）最高人民法院工作报告

（十一）最高人民检察院工作报告

（十二）关于本届全国人民代表大会常务委员会职权的决议

（十三）关于兴建长江三峡工程决议

（十四）关于提请审议兴建长江三峡工程议案的说明

四、选举任免事项

（一）关于第八届全国人民代表大会代表名额和选举问题的决定

（二）补选第七届全国人民代表大会常务委员会委员

（三）决定任免国务院组成人员

五、其他相关文件

关于代表议案处理意见的报告

第六节　第七届全国人民代表大会常务委员会会议

一、第一次会议

二、第二次会议

三、第三次会议

四、第四次会议

五、第五次会议

六、第六次会议

七、第七次会议

八、第八次会议

九、第九次会议

十、第十次会议

十一、第十一次会议

十二、第十二次会议

十三、第十三次会议

十四、第十四次会议

十五、第十五次会议

第八章　第八届全国人民代表大会

第一节　第八届全国人民代表大会第一次会议

一、会议议程与各项名单

（一）第八届全国人民代表大会第一次会议议程

（二）第八届全国人民代表大会第一次会议主席团和秘书长名单

（三）第八届全国人民代表大会第一次会议主席团常务主席名单

（四）第八届全国人民代表大会第一次会议副秘书长名单

（五）第八届全国人民代表大会法律委员会主任委员、副主任委员、委员名单

（六）第八届全国人民代表大会财政经济委员会主任委员、副主任委员、委员名单

二、大会立法

（一）关于《中华人民共和国宪法修正案（草案）》的说明

（二）关于《中华人民共和国澳门特别行政区基本法（草案）》的说明

（三）关于《中华人民共和国澳门特别行政区基本法（草案）》的审议程序和表决办法

三、工作报告与决议决定

（一）关于政府工作报告的决议

（二）政府工作报告

（三）关于1992年国民经济和社会发展执行情况与1993年计划的决议

（四）关于1992年国民经济和社会发展执行情况与1993年计划草案的报告

（五）关于1992年国家预算执行情况和1993年国家预算的决议

（六）关于1992年国家预算执行情况和1993年国家预算草案的报告

（七）关于全国人民代表大会常务委员会工作报告的决议

（八）全国人民代表大会常务委员会工作报告

（九）关于最高人民法院工作报告的决议

（十）最高人民法院工作报告

（十一）关于最高人民检察院工作报告的决议

（十二）最高人民检察院工作报告

（十三）关于国务院机构改革方案的决定

（十四）关于国务院机构改革方案的说明

（十五）关于设立中华人民共和国澳门特别行政区的决定

（十六）关于授权全国人民代表大会常务委员会设立香港特别行政区筹备委员会的准备工作机构的决定

（十七）关于批准澳门特别行政区基本法起草委员会关于设立全国人民代表大会常务委员会澳门特别行政区基本法委员会的建议的决定

四、选举任免事项

（一）第八届全国人民代表大会第一次会议选举和决定任命办法

（二）第八届全国人民代表大会各专门委员会组成人员人选办法

（三）选举全国人民代表大会常务委员会委员长、副委员长、秘书长、委员

（四）选举中华人民共和国主席、副主席

（五）选举中华人民共和国中央军事委员会主席

（六）决定中华人民共和国国务院总理

（七）决定中央军事委员会副主席、委员

（八）决定国务院其他组成人员

（九）选举最高人民法院院长

（十）选举最高人民检察院检察长

（十一）通过第八届全国人民代表大会专门委员会的主任委员、副主任委员、委员名单

五、其他相关文件

（一）关于代表议案处理意见的报告

（二）江泽民主席讲话

（三）乔石委员长讲话

第二节　第八届全国人民代表大会第二次会议

一、会议议程与各项名单

（一）第八届全国人民代表大会第二次会议议程

（二）第八届全国人民代表大会第二次会议主席团和秘书长名单

（三）第八届全国人民代表大会第二次会议主席团常务主席名单

（二）补选第八届全国人民代表大会常务委员会委员

五、其他相关文件

（一）关于代表议案处理意见的报告

（二）乔石委员长讲话

第三节　第八届全国人民代表大会第三次会议

一、会议议程与各项名单

（一）第八届全国人民代表大会第三次会议议程

（二）第八届全国人民代表大会第三次会议主席团和秘书长名单

（三）第八届全国人民代表大会第三次会议主席团常务主席名单

（四）第八届全国人民代表大会第三次会议副秘书长名单

二、大会立法

（一）关于《中华人民共和国教育法（草案）》的说明

（二）关于《中华人民共和国中国人民银行法（草案）》的说明

三、工作报告与决议决定

（一）关于政府工作报告的决议

（二）政府工作报告

（三）关于1994年国民经济和社会发展计划执行情况与1995年计划的决议

（四）关于1994年国民经济和社会发展计划执行情况与1995年计划草案的报告

（五）关于1994年国家预算执行情况和1995年中央及地方预

算的决议

（六）关于1994年国家预算执行情况和1995年中央及地方预算草案的报告

（七）关于全国人民代表大会常务委员会工作报告的决议

（八）全国人民代表大会常务委员会工作报告

（九）关于最高人民法院工作报告的决议

（十）最高人民法院工作报告

（十一）关于最高人民检察院工作报告的决议

（十二）最高人民检察院工作报告

四、选举任免事项

（一）第八届全国人民代表大会第三次会议选举和决定任免办法

（二）关于确认常委会接受许嘉璐辞去人大常委职务的请求的决定

（三）补选第八届全国人民代表大会常务委员会委员

（四）任命国务院副总理

五、其他相关文件

（一）第八届全国人民代表大会第三次会议表决议案办法

（二）关于代表议案处理意见的报告

第四节　第八届全国人民代表大会第四次会议

一、会议议程与各项名单

（一）第八届全国人民代表大会第四次会议议程

（二）第八届全国人民代表大会第四次会议主席团和秘书长名单

（三）第八届全国人民代表大会第四次会议主席团常务主席名单

（四）第八届全国人民代表大会第四次会议副秘书长名单

二、大会立法

（一）关于《中华人民共和国行政处罚法（草案）》的说明

（二）关于《中华人民共和国刑事诉讼法修正案（草案）》的说明

（三）关于授权汕头市和珠海市人民代表大会及其常务委员会、人民政府分别制定法规和规章在各自的经济特区实施的决定

三、工作报告与决议决定

（一）关于国民经济和社会发展“九五”计划和2010年远景目标纲要及关于《纲要》报告的决议

（二）关于国民经济和社会发展“九五”计划和2010年远景目标纲要的报告

（三）关于1995年国民经济和社会发展计划执行情况与1996年国民经济和社会发展计划的决议

（四）关于1995年国民经济和社会发展计划执行情况与1996年国民经济和社会发展计划草案的报告

（五）关于1995年中央及地方预算执行情况和1996年中央及地方预算的决议

（六）关于1995年中央及地方预算执行情况和1996年中央及地方预算草案的报告

（七）关于全国人民代表大会常务委员会工作报告的决议

（八）全国人民代表大会常务委员会工作报告

（九）关于最高人民法院工作报告的决议

（十）最高人民法院工作报告

第五节　第八届全国人民代表大会第五次会议

（三）关于1996年国民经济和社会发展计划执行情况与1997年国民经济和社会发展计划的决议

（四）关于1996年国民经济和社会发展计划执行情况与1997年国民经济和社会发展计划草案的报告

（五）关于1996年国民经济和社会发展计划执行情况与1997年国民经济和社会发展计划草案的审查报告

（六）关于1996年中央和地方预算执行情况及1997年中央和地方预算的决议

（七）关于1996年中央和地方预算执行情况及1997年中央和地方预算草案的报告

（八）关于1996年中央和地方预算执行情况及1997年中央和地方预算草案的审查报告

（九）关于全国人民代表大会常务委员会工作报告的决议

（十）全国人民代表大会常务委员会工作报告

（十一）关于最高人民法院工作报告的决议

（十二）最高人民法院工作报告

（十三）关于最高人民检察院工作报告的决议

（十四）最高人民检察院工作报告

（十五）关于全国人大常委会检查《中华人民共和国农业法》实施情况的报告的决议

（十六）关于检查《中华人民共和国农业法》实施情况的报告

（十七）关于全国人民代表大会香港特别行政区筹备委员会工作报告的决议

（十八）关于全国人民代表大会香港特别行政区筹备委员会工作报告

第六节　第八届全国人民代表大会常务委员会会议

十六、第十六次会议

十七、第十七次会议

十八、第十八次会议

十九、第十九次会议

二十、第二十次会议

二十一、第二十一次会议

二十二、第二十二次会议

二十三、第二十三次会议

二十四、第二十四次会议

二十五、第二十五次会议

二十六、第二十六次会议

二十七、第二十七次会议

二十八、第二十八次会议

二十九、第二十九次会议

三十、第三十次会议

第九章　第九届全国人民代表大会

第一节　第九届全国人民代表大会第一次会议

一、会议议程与各项名单

（一）第九届全国人民代表大会第一次会议议程

（二）第九届全国人民代表大会第一次会议主席团和秘书长名单

（三）第九届全国人民代表大会第一次会议主席团常务主席名单

（四）第九届全国人民代表大会第一次会议副秘书长名单

（五）第九届全国人民代表大会财政经济委员会主任委员、副主任委员、委员名单

二、工作报告与决议决定

（一）关于政府工作报告的决议

（二）政府工作报告

（三）关于1997年国民经济和社会发展执行情况与1998年国民经济和社会发展计划的决议

（四）关于1997年国民经济和社会发展执行情况与1998年国民经济和社会发展计划草案的报告

（五）关于1997年中央和地方预算执行情况及1998年中央和地方预算的决议

（六）关于1997年中央和地方预算执行情况及1998年中央

和地方预算草案的报告

（七）关于全国人民代表大会常务委员会工作报告的决议

（八）全国人民代表大会常务委员会工作报告

（九）关于最高人民法院工作报告的决议

（十）最高人民法院工作报告

（十一）关于最高人民检察院工作报告的决议

（十二）最高人民检察院工作报告

（十三）关于国务院机构改革方案的决定

（十四）关于国务院机构改革方案的说明

（十五）关于设立第九届全国人民代表大会专门委员会的决定

三、选举任免事项

（一）第九届全国人民代表大会第一次会议选举和决定任命办法

（二）第九届全国人民代表大会各专门委员会组成人员人选办法

（三）选举全国人民代表大会常务委员会委员长、副委员长、秘书长、委员

（四）选举中华人民共和国主席、副主席

（五）选举中华人民共和国中央军事委员会主席

（六）决定中华人民共和国国务院总理

（七）决定中央军事委员会副主席、委员

（八）决定国务院副总理、国务委员、各部部长、各委员会主任、中国人民银行行长、审计长、秘书长的人选

（九）选举最高人民法院院长

（十）选举最高人民检察院检察长

第二节　第九届全国人民代表大会第二次会议

（二）政府工作报告

（三）关于1998年国民经济和社会发展计划执行情况与1999年国民经济和社会发展计划的决议

（四）关于1998年国民经济和社会发展计划执行情况与1999年国民经济和社会发展计划草案的报告

（五）关于1998年国民经济和社会发展计划执行情况与1999年国民经济和社会发展计划草案的审查报告

（六）关于1998年中央和地方预算执行情况及1999年中央和地方预算的决议

（七）关于1998年中央和地方预算执行情况及1999年中央和地方预算草案的报告

（八）关于1998年中央和地方预算执行情况及1999年中央和地方预算草案的审查报告

（九）关于全国人民代表大会常务委员会工作报告的决议

（十）全国人民代表大会常务委员会工作报告

（十一）关于最高人民法院工作报告的决议

（十二）最高人民法院工作报告

（十三）关于最高人民检察院工作报告的决议

（十四）最高人民检察院工作报告

四、选举任免事项

中华人民共和国澳门特别行政区第九届全国人民代表大会代表的产生办法

五、其他相关文件

（一）关于代表议案处理意见的报告

（二）李鹏委员长讲话

第三节　第九届全国人民代表大会第三次会议

一、会议议程与各项名单

（一）第九届全国人民代表大会第三次会议议程

（二）第九届全国人民代表大会第三次会议主席团和秘书长名单

（三）第九届全国人民代表大会第三次会议主席团常务主席名单

（四）第九届全国人民代表大会第三次会议副秘书长名单

二、大会立法

（一）关于《中华人民共和国立法法（草案）》的说明

（二）关于《中华人民共和国立法法（草案）》审议结果的报告

三、工作报告与决议决定

（一）关于政府工作报告的决议

（二）政府工作报告

（三）关于1999年国民经济和社会发展计划执行情况与2000年国民经济和社会发展计划的决议

（四）关于1999年国民经济和社会发展计划执行情况与2000年国民经济和社会发展计划草案的报告

（五）关于1999年国民经济和社会发展计划执行情况与2000年国民经济和社会发展计划草案的审查报告

（六）关于1999年中央和地方预算执行情况及2000年中央和地方预算的决议

（七）关于1999年中央和地方预算执行情况及2000年中央

和地方预算草案的报告

（八）关于1999年中央和地方预算执行情况及2000年中央和地方预算草案的审查报告

（九）关于全国人民代表大会常务委员会工作报告的决议

（十）全国人民代表大会常务委员会工作报告

（十一）关于最高人民法院工作报告的决议

（十二）最高人民法院工作报告

（十三）关于最高人民检察院工作报告的决议

（十四）最高人民检察院工作报告

四、选举任免事项

关于接受何厚铧辞去第九届全国人民代表大会常务委员会委员职务的请求的决定

五、其他相关文件

（一）关于代表议案处理意见的报告

（二）李鹏委员长讲话

第四节　第九届全国人民代表大会第四次会议

一、会议议程与各项名单

（一）第九届全国人民代表大会第四次会议议程

（二）第九届全国人民代表大会第四次会议主席团和秘书长名单

（三）第九届全国人民代表大会第四次会议主席团常务主席名单

（四）第九届全国人民代表大会第四次会议副秘书长名单

二、大会立法

（一）关于《中华人民共和国中外合资经营企业法修正案（草案）》的说明

（二）关于《中华人民共和国中外合资经营企业法修正案（草案）》审议结果的报告

（三）关于修改《中华人民共和国中外合资经营企业法修正案（草案）》的决定

三、工作报告与决议决定

（一）关于国民经济和社会发展第十个五年计划纲要报告的决议

（二）关于国民经济和社会发展第十个五年计划纲要的报告

（三）关于2000年国民经济和社会发展计划执行情况与2001年国民经济和社会发展计划的决议

（四）关于2000年国民经济和社会发展计划执行情况与2001年国民经济和社会发展计划草案的报告

（五）关于2000年国民经济和社会发展计划执行情况与2001年国民经济和社会发展计划草案的审查报告

（六）关于2000年中央及地方预算执行情况和2001年中央及地方预算的决议

（七）关于2000年中央和地方预算执行情况及2001年中央和地方预算草案的报告

（八）关于2000年中央和地方预算执行情况及2001年中央和地方预算草案的审查报告

（九）关于全国人民代表大会常务委员会工作报告的决议

（十）全国人民代表大会常务委员会工作报告

（十一）关于最高人民法院工作报告的决议

（十二）最高人民法院工作报告

（十三）关于最高人民检察院工作报告的决议

（十四）最高人民检察院工作报告

四、选举任免事项

（一）第九届全国人民代表大会第四次会议选举办法

（二）补选第九届全国人民代表大会常务委员会委员

（三）选举、补选第九届全国人民代表大会代表

五、其他相关文件

（一）关于代表议案处理意见的报告

（二）李鹏委员长讲话

第五节　第九届全国人民代表大会第五次会议

一、会议议程与各项名单

（一）第九届全国人民代表大会第五次会议议程

（二）第九届全国人民代表大会第五次会议主席团和秘书长名单

（三）第九届全国人民代表大会第五次会议主席团常务主席名单

（四）第九届全国人民代表大会第五次会议副秘书长名单

二、工作报告与决议决定

（一）关于政府工作报告的决议

（二）政府工作报告

（三）关于2001年国民经济和社会发展计划执行情况与2002年国民经济和社会发展计划的决议

（四）关于2001年国民经济和社会发展计划执行情况与2002年国民经济和社会发展计划草案的报告

（五）关于2001年国民经济和社会发展计划执行情况与2002年国民经济和社会发展计划草案的审查报告

（六）关于2001年中央和地方预算执行情况及2002年中央和地方预算的决议

（七）关于2001年中央和地方预算执行情况及2002年中央和地方预算草案的报告

（八）关于2001年中央和地方预算执行情况及2002年中央和地方预算草案的审查报告

（九）关于全国人民代表大会常务委员会工作报告的决议

（十）全国人民代表大会常务委员会工作报告

（十一）关于最高人民法院工作报告的决议

（十二）最高人民法院工作报告

（十三）关于最高人民检察院工作报告的决议

（十四）最高人民检察院工作报告

三、选举任免事项

（一）关于第十届全国人民代表大会代表名额和选举问题的决定

（二）中华人民共和国香港特别行政区选举第十届全国人民代表大会代表的办法

（三）中华人民共和国澳门特别行政区选举第十届全国人民代表大会代表的办法

四、其他相关文件

（一）关于代表议案处理意见的报告

（二）李鹏委员长讲话

第六节　第九届全国人民代表大会常务委员会会议

第十章　第十届全国人民代表大会

第一节　第十届全国人民代表大会第一次会议

一、会议议程和日程

（一）第十届全国人民代表大会第一次会议议程

（二）第十届全国人民代表大会第一次会议日程

二、会议各项名单

（一）第十届全国人民代表大会第一次会议主席团和秘书长名单

（二）第十届全国人民代表大会第一次会议主席团常务主席名单

（三）第十届全国人民代表大会第一次会议副秘书长名单

（四）第十届全国人民代表大会财政经济委员会主任委员、副主任委员、委员名单

三、工作报告与决议决定

（一）关于政府工作报告的决议

（二）政府工作报告

（三）关于2002年国民经济和社会发展计划执行情况与2003年国民经济和社会发展计划的决议

（四）关于2002年国民经济和社会发展计划执行情况与2003年国民经济和社会发展计划草案的报告

（五）关于2002年国民经济和社会发展计划执行情况与2003

（七）决定中央军事委员会副主席、委员

（八）决定国务院副总理、国务委员、各部部长、各委员会主任、中国人民银行行长、审计长、秘书长的人选

（九）选举最高人民法院院长

（十）选举最高人民检察院检察长

（十一）通过第十届全国人民代表大会专门委员会的主任委员、副主任委员、委员名单

五、其他相关文件

（一）关于代表议案处理意见的报告

（二）江泽民主席讲话

（三）吴邦国委员长讲话

第二节　第十届全国人民代表大会第二次会议

一、会议议程和日程

（一）第十届全国人民代表大会第二次会议议程

（二）第十届全国人民代表大会第二次会议日程

二、会议各项名单

（一）第十届全国人民代表大会第二次会议主席团和秘书长名单

（二）第十届全国人民代表大会第二次会议主席团常务主席名单

（三）第十届全国人民代表大会第二次会议副秘书长名单

三、大会立法

（一）关于《中华人民共和国宪法修正案（草案）》的说明

（二）关于《中华人民共和国宪法修正案（草案）》审议情

第三节　第十届全国人民代表大会第三次会议

一、会议议程和日程

（一）第十届全国人民代表大会第三次会议议程

（二）第十届全国人民代表大会第三次会议日程

二、会议各项名单

（一）第十届全国人民代表大会第三次会议主席团和秘书长名单

（二）第十届全国人民代表大会第三次会议主席团常务主席名单

（三）第十届全国人民代表大会第三次会议副秘书长名单

三、大会立法

（一）关于《反分裂国家法（草案）》的说明

（二）关于《反分裂国家法（草案）》审议结果的报告

四、工作报告与决议决定

（一）关于政府工作报告的决议

（二）政府工作报告

（三）关于2004年国民经济和社会发展计划执行情况与2005年国民经济和社会发展计划的决议

（四）关于2004年国民经济和社会发展计划执行情况与2005年国民经济和社会发展计划草案的报告（摘要）

（五）关于2004年国民经济和社会发展计划执行情况与2005年国民经济和社会发展计划草案的审查结果报告

（六）关于2004年中央和地方预算执行情况及2005年中央和地方预算的决议

（七）关于2004年中央和地方预算执行情况及2005年中央和地方预算草案的报告（摘要）

（八）关于2004年中央和地方预算执行情况及2005年中央和地方预算草案的审查结果报告

（九）关于全国人民代表大会常务委员会工作报告的决议

（十）全国人民代表大会常务委员会工作报告

（十一）关于最高人民法院工作报告的决议

（十二）最高人民法院工作报告

（十三）关于最高人民检察院工作报告的决议

（十四）最高人民检察院工作报告

五、选举任免事项

（一）第十届全国人民代表大会第三次会议选举和决定任命办法

（二）关于接受江泽民辞去中华人民共和国中央军事委员会主席职务的请求的决定

（三）选举中华人民共和国中央军事委员会主席

（四）任命中央军事委员会副主席、委员

（五）补选第十届全国人民代表大会常务委员会委员

六、其他相关文件

（一）关于代表议案处理意见的报告

（二）吴邦国委员长讲话

第四节　第十届全国人民代表大会第四次会议

一、会议议程和日程

（一）第十届全国人民代表大会第四次会议议程

（二）第十届全国人民代表大会第四次会议日程

二、会议各项名单

（一）第十届全国人民代表大会第四次会议主席团和秘书长名单

（二）第十届全国人民代表大会第四次会议主席团常务主席名单

（三）第十届全国人民代表大会第四次会议副秘书长名单

三、工作报告与决议决定

（一）关于国民经济和社会发展第十一个五年规划纲要的决议

（二）关于国民经济和社会发展第十一个五年规划纲要（草案）（摘要）

（三）关于国民经济和社会发展第十一个五年规划纲要（草案）的审查结果报告

（四）关于2005年国民经济和社会发展计划执行情况与2006年国民经济和社会发展计划的决议

（五）关于2005年国民经济和社会发展计划执行情况与2006年国民经济和社会发展计划草案的报告

（六）关于2005年国民经济和社会发展计划执行情况与2006年国民经济和社会发展计划草案的审查结果报告

（七）关于2005年中央和地方预算执行情况及2006年中央和地方预算的决议

（八）关于2005年中央和地方预算执行情况及2006年中央和地方预算草案的报告

（九）关于2005年中央和地方预算执行情况及2006年中央和地方预算草案的审查结果报告

四、工作报告与决议决定

（一）关于政府工作报告的决议

（二）政府工作报告

（三）关于2006年国民经济和社会发展计划执行情况与2007年国民经济和社会发展计划的决议

（四）关于2006年国民经济和社会发展计划执行情况与2007年国民经济和社会发展计划草案的报告

（五）关于2006年国民经济和社会发展计划执行情况与2007年国民经济和社会发展计划草案的审查报告

（六）关于2006年中央和地方预算执行情况及2007年中央和地方预算的决议

（七）关于2006年中央和地方预算执行情况及2007年中央和地方预算草案的报告

（八）关于2006年中央和地方预算执行情况及2007年中央和地方预算草案的审查报告

（九）关于全国人民代表大会常务委员会工作报告的决议

（十）全国人民代表大会常务委员会工作报告

（十一）关于最高人民法院工作报告的决议

（十二）最高人民法院工作报告

（十三）关于最高人民检察院工作报告的决议

（十四）最高人民检察院工作报告

五、选举任免事项

（一）关于第十一届全国人民代表大会代表名额和选举问题的决定

（二）中华人民共和国香港特别行政区选举第十一届全国人民代表大会代表的办法

（三）中华人民共和国澳门特别行政区选举第十一届全国人民代表大会代表的办法

六、其他相关文件

（一）关于代表议案处理意见的报告

（二）吴邦国委员长讲话

第六节　第十届全国人民代表大会常务委员会会议

一、第一次会议

二、第二次会议

三、第三次会议

四、第四次会议

五、第五次会议

六、第六次会议

七、第七次会议

八、第八次会议

九、第九次会议

十、第十次会议

十一、第十一次会议

十二、第十二次会议

十三、第十三次会议

十四、第十四次会议

十五、第十五次会议

十六、第十六次会议

十七、第十七次会议

十八、第十八次会议

十九、第十九次会议

二十、第二十次会议

二十一、第二十一次会议

二十二、第二十二次会议

二十三、第二十三次会议

二十四、第二十四次会议

二十五、第二十五次会议

二十六、第二十六次会议

二十七、第二十七次会议

二十八、第二十八次会议

二十九、第二十九次会议

三十、第三十次会议

三十一、第三十一次会议

三十二、第三十二次会议

第十一章　第十一届全国人民代表大会

第一节　第十一届全国人民代表大会第一次会议

一、会议议程和日程

（一）第十一届全国人民代表大会第一次会议议程

（二）第十一届全国人民代表大会第一次会议日程

二、会议各项名单

（一）第十一届全国人民代表大会第一次会议主席团和秘书长名单

（二）第十一届全国人民代表大会第一次会议主席团常务主席名单

（三）第十一届全国人民代表大会第一次会议副秘书长名单

（四）第十一届全国人民代表大会财政经济委员会主任委员、副主任委员、委员名单

三、工作报告与决议决定

（一）关于政府工作报告的决议

（二）政府工作报告

（三）关于2007年国民经济和社会发展计划执行情况与2008年国民经济和社会发展计划的决议

（四）关于2007年国民经济和社会发展计划执行情况与2008年国民经济和社会发展计划草案的报告

（五）关于2007年国民经济和社会发展计划执行情况与2008

年国民经济和社会发展计划草案的审查结果报告

（六）关于2007年中央和地方预算执行情况与2008年中央和地方预算的决议

（七）关于2007年中央和地方预算执行情况与2008年中央和地方预算草案的报告

（八）关于2007年中央和地方预算执行情况与2008年中央和地方预算草案的审查结果报告

（九）关于全国人民代表大会常务委员会工作报告的决议

（十）全国人民代表大会常务委员会工作报告

（十一）关于最高人民法院工作报告的决议

（十二）最高人民法院工作报告

（十三）关于最高人民检察院工作报告的决议

（十四）最高人民检察院工作报告

（十五）关于国务院机构改革方案的决定

（十六）关于国务院机构改革方案的说明

四、选举任免事项

（一）第十一届全国人民代表大会第一次会议选举和决定任命的办法

（二）第十一届全国人民代表大会各专门委员会组成人员人选办法

（三）选举全国人民代表大会常务委员会委员长、副委员长、秘书长、委员

（四）选举中华人民共和国主席、副主席

（五）选举中华人民共和国中央军事委员会主席

（六）决定中央军事委员会副主席、委员

（七）选举最高人民法院院长

（八）选举最高人民检察院检察长

（九）决定中华人民共和国国务院总理

（十）决定国务院副总理、国务委员、各部部长、各委员会主任、中国人民银行行长、审计长、秘书长的人选

（十一）通过第十一届全国人民代表大会各专门委员会主任委员、副主任委员、委员的人选

五、其他相关文件

（一）关于代表议案处理意见的报告

（二）胡锦涛主席讲话

（三）吴邦国委员长讲话

第二节　第十一届全国人民代表大会第二次会议

一、会议议程和日程

（一）第十一届全国人民代表大会第二次会议议程

（二）第十一届全国人民代表大会第二次会议日程

二、会议各项名单

（一）第十一届全国人民代表大会第二次会议主席团和秘书长名单

（二）第十一届全国人民代表大会第二次会议主席团常务主席名单

（三）第十一届全国人民代表大会第二次会议副秘书长名单

三、工作报告与决议决定

（一）关于政府工作报告的决议

（二）政府工作报告

（三）关于2008年国民经济和社会发展计划执行情况与2009

年国民经济和社会发展计划的决议

（四）关于2008年国民经济和社会发展计划执行情况与2009年国民经济和社会发展计划草案的报告

（五）关于2008年国民经济和社会发展计划执行情况与2009年国民经济和社会发展计划草案的审查结果报告

（六）关于2008年中央和地方预算执行情况与2009年中央和地方预算的决议

（七）关于2008年中央和地方预算执行情况与2009年中央和地方预算草案的报告

（八）关于2008年中央和地方预算执行情况与2009年中央和地方预算草案的审查结果报告

（九）关于全国人民代表大会常务委员会工作报告的决议

（十）全国人民代表大会常务委员会工作报告

（十一）关于最高人民法院工作报告的决议

（十二）最高人民法院工作报告

（十三）关于最高人民检察院工作报告的决议

（十四）最高人民检察院工作报告

四、其他相关文件

（一）关于代表议案处理意见的报告

（二）吴邦国委员长讲话

第三节　第十一届全国人民代表大会第三次会议

一、会议议程和日程

（一）第十一届全国人民代表大会第三次会议议程

（二）第十一届全国人民代表大会第三次会议日程

（十一）关于最高人民法院工作报告的决议

（十二）最高人民法院工作报告

（十三）关于最高人民检察院工作报告的决议

（十四）最高人民检察院工作报告

五、选举任免事项

关于接受李东生辞去第十一届全国人民代表大会常务委员会委员及全国人民代表大会教育科学文化卫生委员会委员职务的请求的决定

六、其他相关文件

（一）关于代表议案处理意见的报告

（二）吴邦国委员长讲话

第四节　第十一届全国人民代表大会第四次会议

一、会议议程和日程

（一）第十一届全国人民代表大会第四次会议议程

（二）第十一届全国人民代表大会第四次会议日程

二、会议各项名单

（一）第十一届全国人民代表大会第四次会议主席团和秘书长名单

（二）第十一届全国人民代表大会第四次会议主席团常务主席名单

（三）第十一届全国人民代表大会第四次会议副秘书长名单

三、工作报告与决议决定

（一）关于政府工作报告的决议

（二）政府工作报告

（三）关于国民经济和社会发展第十二个五年规划纲要的决议

（四）国民经济和社会发展第十二个五年规划纲要（草案）

（五）关于国民经济和社会发展第十二个五年规划纲要草案的审查结果报告

（六）关于2010年国民经济和社会发展计划执行情况与2011年国民经济和社会发展计划的决议

（七）关于2010年国民经济和社会发展计划执行情况与2011年国民经济和社会发展计划草案的报告

（八）关于2010年国民经济和社会发展计划执行情况与2011年国民经济和社会发展计划草案的审查结果报告

（九）关于2010年中央及地方预算执行情况与2011年中央和地方预算的决议

（十）关于2010年中央和地方预算执行情况与2011年中央和地方预算草案的报告

（十一）关于2010年中央和地方预算执行情况及2011年中央和地方预算草案的审查结果报告

（十二）关于全国人民代表大会常务委员会工作报告的决议

（十三）全国人民代表大会常务委员会工作报告

（十四）关于最高人民法院工作报告的决议

（十五）最高人民法院工作报告

（十六）关于最高人民检察院工作报告的决议

（十七）最高人民检察院工作报告

四、选举任免事项

关于接受倪岳峰辞去第十一届全国人民代表大会常务委员会委员及全国人民代表大会环境与资源保护委员会副主任委员职务

的请求的决定

五、其他相关文件

（一）关于代表议案处理意见的报告

（二）吴邦国委员长讲话

第五节　第十一届全国人民代表大会第五次会议

一、会议议程和日程

（一）第十一届全国人民代表大会第五次会议议程

（二）第十一届全国人民代表大会第五次会议日程

二、会议各项名单

（一）第十一届全国人民代表大会第五次会议主席团和秘书长名单

（二）第十一届全国人民代表大会第五次会议主席团常务主席名单

（三）第十一届全国人民代表大会第五次会议副秘书长名单

三、大会立法

（一）关于《中华人民共和国刑事诉讼法修正案（草案）》的说明

（二）全国人民代表大会法律委员会关于《中华人民共和国刑事诉讼法修正案（草案）》审议结果的报告

（三）关于修改《中华人民共和国刑事诉讼法》的决定

四、工作报告与决议决定

（一）关于政府工作报告的决议

（二）政府工作报告

（三）关于2011年国民经济和社会发展计划执行情况与2012

年国民经济和社会发展计划的决议

（四）关于2011年国民经济和社会发展计划执行情况与2012年国民经济和社会发展计划草案的报告

（五）关于2011年国民经济和社会发展计划执行情况与2012年国民经济和社会发展计划草案的审查结果报告

（六）关于2011年中央和地方预算执行情况及2012年中央和地方预算的决议

（七）关于2011年中央和地方预算执行情况及2012年中央和地方预算草案的报告

（八）关于2011年中央和地方预算执行情况及2012年中央和地方预算草案的审查结果报告

（九）关于全国人民代表大会常务委员会工作报告的决议

（十）全国人民代表大会常务委员会工作报告

（十一）关于最高人民法院工作报告的决议

（十二）最高人民法院工作报告

（十三）关于最高人民检察院工作报告的决议

（十四）最高人民检察院工作报告

五、选举任免事项

（一）关于第十二届全国人民代表大会代表名额和选举问题的决定

（二）中华人民共和国香港特别行政区选举第十二届全国人民代表大会代表的办法

（三）中华人民共和国澳门特别行政区选举第十二届全国人民代表大会代表的办法

六、其他相关文件

（一）关于代表议案处理意见的报告

（二）吴邦国委员长讲话

第六节　第十一届全国人民代表大会常务委员会会议

一、第一次会议
二、第二次会议
三、第三次会议
四、第四次会议
五、第五次会议
六、第六次会议
七、第七次会议
八、第八次会议
九、第九次会议
十、第十次会议
十一、第十一次会议
十二、第十二次会议
十三、第十三次会议
十四、第十四次会议
十五、第十五次会议
十六、第十六次会议
十七、第十七次会议
十八、第十八次会议
十九、第十九次会议
二十、第二十次会议
二十一、第二十一次会议
二十二、第二十二次会议

第十二章　第十二届全国人民代表大会

第一节　第十二届全国人民代表大会第一次会议

一、会议议程和日程

（一）第十二届全国人民代表大会第一次会议议程

（二）第十二届全国人民代表大会第一次会议日程

二、会议各项名单

（一）第十二届全国人民代表大会第一次会议主席团和秘书长名单

（二）第十二届全国人民代表大会第一次会议主席团常务主席名单

（三）第十二届全国人民代表大会第一次会议副秘书长名单

（四）第十二届全国人民代表大会财政经济委员会主任委员、副主任委员、委员名单

三、工作报告与决议决定

（一）关于政府工作报告的决议

（二）政府工作报告

（三）关于2012年国民经济和社会发展计划执行情况与2013年国民经济和社会发展计划的决议

（四）关于2012年国民经济和社会发展计划执行情况与2013年国民经济和社会发展计划草案的报告

（五）关于2012年国民经济和社会发展计划执行情况与2013

（九）决定任命国务院副总理、国务委员、各部部长、各委员会主任、中国人民银行行长、审计长、秘书长

（十）通过全国人民代表大会各专门委员会主任委员、副主任委员、委员名单

五、其他相关文件

（一）习近平主席讲话

（二）张德江委员长讲话

第二节　第十二届全国人民代表大会第二次会议

一、会议议程和日程

（一）第十二届全国人民代表大会第二次会议议程

（二）第十二届全国人民代表大会第二次会议日程

二、会议各项名单

（一）第十二届全国人民代表大会第二次会议主席团和秘书长名单

（二）第十二届全国人民代表大会第二次会议主席团常务主席名单

（三）第十二届全国人民代表大会第二次会议副秘书长名单

三、工作报告与决议决定

（一）关于政府工作报告的决议

（二）政府工作报告

（三）关于2013年国民经济和社会发展计划执行情况与2014年国民经济和社会发展计划的决议

（四）关于2013年国民经济和社会发展计划执行情况与2014年国民经济和社会发展计划草案的报告

（五）关于2013年国民经济和社会发展计划执行情况与2014年国民经济和社会发展计划草案的审查结果报告

（六）关于2013年中央和地方预算执行情况与2014年中央和地方预算的决议

（七）关于2013年中央和地方预算执行情况与2014年中央和地方预算草案的报告

（八）关于2013年中央和地方预算执行情况与2014年中央和地方预算草案的审查结果报告

（九）关于全国人民代表大会常务委员会工作报告的决议

（十）全国人民代表大会常务委员会工作报告

（十一）关于最高人民法院工作报告的决议

（十二）最高人民法院工作报告

（十三）关于最高人民检察院工作报告的决议

（十四）最高人民检察院工作报告

四、其他相关文件

（一）关于接受王晓、陈斯喜辞去全国人民代表大会常务委员会委员职务的决定

（二）关于代表提出议案处理意见的报告

（三）张德江委员长讲话

第三节　第十二届全国人民代表大会第三次会议

一、会议议程和日程

（一）第十二届全国人民代表大会第三次会议议程

（二）第十二届全国人民代表大会第三次会议日程

二、会议各项名单

（一）第十二届全国人民代表大会第三次会议主席团和秘书长名单

（二）第十二届全国人民代表大会第三次会议主席团常务主席名单

（三）第十二届全国人民代表大会第三次会议副秘书长名单

三、大会立法

（一）关于《中华人民共和国立法法修正案（草案）》的说明

（二）关于《中华人民共和国立法法修正案（草案）》审议结果的报告

四、工作报告与决议决定

（一）关于政府工作报告的决议

（二）政府工作报告

（三）关于2014年国民经济和社会发展计划执行情况与2015年国民经济和社会发展计划的决议

（四）关于2014年国民经济和社会发展计划执行情况与2015年国民经济和社会发展计划草案的报告

（五）关于2014年国民经济和社会发展计划执行情况与2015年国民经济和社会发展计划草案的审查结果报告

（六）关于2014年中央和地方预算执行情况与2015年中央和地方预算的决议

（七）关于2014年中央和地方预算执行情况与2015年中央和地方预算草案的报告

（八）关于2014年中央和地方预算执行情况与2015年中央和地方预算草案的审查结果报告

（九）关于全国人民代表大会常务委员会工作报告的决议
（十）全国人民代表大会常务委员会工作报告
（十一）关于最高人民法院工作报告的决议
（十二）最高人民法院工作报告
（十三）关于最高人民检察院工作报告的决议
（十四）最高人民检察院工作报告

五、其他相关文件

（一）关于接受陈吉宁、陈豪辞去常委会委员职务的决定
（二）关于代表提出议案处理意见的报告
（三）张德江委员长讲话

第四节　第十二届全国人民代表大会第四次会议

一、会议议程和日程

（一）第十二届全国人民代表大会第四次会议议程
（二）第十二届全国人民代表大会第四次会议日程

二、会议各项名单

（一）第十二届全国人民代表大会第四次会议主席团和秘书长名单
（二）第十二届全国人民代表大会第四次会议主席团常务主席名单
（三）第十二届全国人民代表大会第四次会议副秘书长名单

三、大会立法

（一）关于《中华人民共和国慈善法（草案）》的说明
（二）关于《中华人民共和国慈善法（草案）》审议结果的报告

四、工作报告与决议决定

（一）关于政府工作报告的决议

（二）政府工作报告

（三）关于国民经济和社会发展第十三个五年规划纲要的决议

（四）关于国民经济和社会发展第十三个五年规划纲要（草案）（摘要）

（五）关于国民经济和社会发展第十三个五年规划纲要草案的审查结果报告

（六）关于2015年国民经济和社会发展计划执行情况与2016年国民经济和社会发展计划的决议

（七）关于2015年国民经济和社会发展计划执行情况与2016年国民经济和社会发展计划草案的报告

（八）关于2015年国民经济和社会发展计划执行情况与2016年国民经济和社会发展计划草案的审查结果报告

（九）关于2015年中央和地方预算执行情况与2016年中央和地方预算的决议

（十）关于2015年中央和地方预算执行情况与2016年中央和地方预算草案的报告

（十一）关于2015年中央和地方预算执行情况与2016年中央和地方预算草案的审查结果报告

（十二）关于全国人民代表大会常务委员会工作报告的决议

（十三）全国人民代表大会常务委员会工作报告

（十四）关于最高人民法院工作报告的决议

（十五）最高人民法院工作报告

（十六）关于最高人民检察院工作报告的决议

（十七）最高人民检察院工作报告

五、其他相关文件

（一）关于代表提出议案处理意见的报告

（二）张德江委员长讲话

第五节　第十二届全国人民代表大会第五次会议

一、会议议程和日程

（一）第十二届全国人民代表大会第五次会议议程

（二）第十二届全国人民代表大会第五次会议日程

二、会议各项名单

（一）第十二届全国人民代表大会第五次会议主席团和秘书长名单

（二）第十二届全国人民代表大会第五次会议主席团常务主席名单

（三）第十二届全国人民代表大会第五次会议副秘书长名单

三、大会立法

（一）《中华人民共和国民法总则（草案）》的说明

（二）关于《中华人民共和国民法总则（草案）》审议结果的报告

（三）《中华人民共和国香港特别行政区选举第十三届全国人民代表大会代表的办法（草案）》的说明

（四）《中华人民共和国澳门特别行政区选举第十三届全国人民代表大会代表的办法（草案）》的说明

（五）关于《中华人民共和国香港特别行政区选举第十三届全国人民代表大会代表的办法（草案）》审议结果的报告

（六）关于《中华人民共和国澳门特别行政区选举第十三届全国人民代表大会代表的办法（草案）》审议结果的报告

四、工作报告与决议决定

（一）关于政府工作报告的决议

（二）政府工作报告

（三）关于2016年国民经济和社会发展计划执行情况与2017年国民经济和社会发展计划的决议

（四）关于2016年国民经济和社会发展计划执行情况与2017年国民经济和社会发展计划草案的报告

（五）关于2016年国民经济和社会发展计划执行情况与2017年国民经济和社会发展计划草案的审查结果报告

（六）关于2016年中央和地方预算执行情况与2017年中央和地方预算的决议

（七）关于2016年中央和地方预算执行情况与2017年中央和地方预算草案的报告

（八）关于2016年中央和地方预算执行情况与2017年中央和地方预算草案的审查结果报告

（九）关于全国人民代表大会常务委员会工作报告的决议

（十）全国人民代表大会常务委员会工作报告

（十一）关于最高人民法院工作报告的决议

（十二）最高人民法院工作报告

（十三）关于最高人民检察院工作报告的决议

（十四）最高人民检察院工作报告

五、选举任免事项

（一）关于第十三届全国人民代表大会代表名额和选举问题的决定

第六节　第十二届全国人民代表大会常务委员会会议

十九、第十九次会议

二十、第二十次会议

二十一、第二十一次会议

二十二、第二十二次会议

二十三、第二十三次会议

二十四、第二十四次会议

二十五、第二十五次会议

二十六、第二十六次会议

二十七、第二十七次会议

二十八、第二十八次会议

二十九、第二十九次会议

三十、第三十次会议

三十一、第三十一次会议

三十二、第三十二次会议

三十三、第三十三次会议

第十三章　第十三届全国人民代表大会

第一节　第十三届全国人民代表大会第一次会议

一、会议议程和日程

（一）第十三届全国人民代表大会第一次会议议程

（二）第十三届全国人民代表大会第一次会议日程

二、会议各项名单

（一）第十三届全国人民代表大会第一次会议主席团和秘书长名单

（二）第十三届全国人民代表大会第一次会议主席团常务主席名单

（三）第十三届全国人民代表大会第一次会议副秘书长名单

（四）第十三届全国人民代表大会财政经济委员会主任委员、副主任委员、委员名单

三、大会立法

（一）关于《中华人民共和国宪法修正案（草案）》的说明

（二）关于《中华人民共和国宪法修正案（草案）》审议情况的报告

（三）关于《中华人民共和国监察法（草案）》的说明

（四）关于《中华人民共和国监察法（草案）》审议结果的报告

四、工作报告与决议决定

（一）关于政府工作报告的决议

（二）政府工作报告

（三）关于2017年国民经济和社会发展计划执行情况与2018年国民经济和社会发展计划的决议

（四）关于2017年国民经济和社会发展计划执行情况与2018年国民经济和社会发展计划草案的报告

（五）关于2017年国民经济和社会发展计划执行情况与2018年国民经济和社会发展计划草案的审查结果报告

（六）关于2017年中央和地方预算执行情况与2018年中央和地方预算的决议

（七）关于2017年中央和地方预算执行情况与2018年中央和地方预算草案的报告

（八）关于2017年中央和地方预算执行情况与2018年中央和地方预算草案的审查结果报告

（九）关于全国人民代表大会常务委员会工作报告的决议

（十）全国人民代表大会常务委员会工作报告

（十一）关于最高人民法院工作报告的决议

（十二）最高人民法院工作报告

（十三）关于最高人民检察院工作报告的决议

（十四）最高人民检察院工作报告

（十五）关于国务院机构改革和职能转变方案的决定

（十六）关于国务院机构改革和职能转变方案的说明

五、选举任免事项

（一）第十三届全国人民代表大会第一次会议选举和决定任命的办法

二、会议各项名单

（一）第十三届全国人民代表大会第二次会议主席团和秘书长名单

（二）第十三届全国人民代表大会第二次会议主席团常务主席名单

（三）第十三届全国人民代表大会第二次会议副秘书长名单

三、大会立法

（一）《中华人民共和国外商投资法（草案）》的说明

（二）关于《中华人民共和国外商投资法（草案）》审议结果的报告

四、工作报告与决议决定

（一）关于政府工作报告的决议

（二）政府工作报告

（三）关于2018年国民经济和社会发展计划执行情况与2019年国民经济和社会发展计划的决议

（四）关于2018年国民经济和社会发展计划执行情况与2019年国民经济和社会发展计划草案的报告

（五）关于2018年国民经济和社会发展计划执行情况与2019年国民经济和社会发展计划草案的审查结果报告

（六）关于2018年中央和地方预算执行情况与2019年中央和地方预算的决议

（七）关于2018年中央和地方预算执行情况与2019年中央和地方预算草案的报告

（八）关于2018年中央和地方预算执行情况与2019年中央和地方预算草案的审查结果报告

（九）关于全国人民代表大会常务委员会工作报告的决议

（四）关于《全国人民代表大会关于建立健全香港特别行政区维护国家安全的法律制度和执行机制的决定》审议结果的报告

四、工作报告与决议决定

（一）关于政府工作报告的决议

（二）政府工作报告

（三）关于2019年国民经济和社会发展计划执行情况与2020年国民经济和社会发展计划的决议

（四）关于2019年国民经济和社会发展计划执行情况与2020年国民经济和社会发展计划草案的报告

（五）关于2019年国民经济和社会发展计划执行情况与2020年国民经济和社会发展计划草案的审查结果报告

（六）关于2019年中央和地方预算执行情况与2020年中央和地方预算的决议

（七）关于2019年中央和地方预算执行情况与2020年中央和地方预算草案的报告

（八）关于2019年中央和地方预算执行情况与2020年中央和地方预算草案的审查结果报告

（九）关于全国人民代表大会常务委员会工作报告的决议

（十）全国人民代表大会常务委员会工作报告

（十一）关于最高人民法院工作报告的决议

（十二）最高人民法院工作报告

（十三）关于最高人民检察院工作报告的决议

（十四）最高人民检察院工作报告

五、其他相关文件

（一）关于代表提出议案处理意见的报告

（二）栗战书委员长讲话

第四节 第十三届全国人民代表大会第四次会议

四、工作报告与决议决定

（一）关于政府工作报告的决议

（二）政府工作报告

（三）关于国民经济和社会发展第十四个五年规划和2035年远景目标纲要的决议

（四）关于国民经济和社会发展第十四个五年规划和2035年远景目标纲要（草案）

（五）关于国民经济和社会发展第十四个五年规划和2035年远景目标纲要草案的审查结果报告

（六）关于2020年国民经济和社会发展计划执行情况与2021年国民经济和社会发展计划的决议

（七）关于2020年国民经济和社会发展计划执行情况与2021年国民经济和社会发展计划草案的报告

（八）关于2020年国民经济和社会发展计划执行情况与2021年国民经济和社会发展计划草案的审查结果报告

（九）关于2020年中央和地方预算执行情况与2021年中央和地方预算的决议

（十）关于2020年中央和地方预算执行情况与2021年中央和地方预算草案的报告

（十一）关于2020年中央和地方预算执行情况与2021年中央和地方预算草案的审查结果报告

（十二）关于全国人民代表大会常务委员会工作报告的决议

（十三）全国人民代表大会常务委员会工作报告

（十四）关于最高人民法院工作报告的决议

（十五）最高人民法院工作报告

（十六）关于最高人民检察院工作报告的决议

（十七）最高人民检察院工作报告

五、其他相关文件

（一）关于代表提出议案处理意见的报告

（二）栗战书委员长讲话

第五节　第十三届全国人民代表大会第五次会议

一、会议议程和日程

（一）第十三届全国人民代表大会第五次会议议程

（二）第十三届全国人民代表大会第五次会议日程

二、会议各项名单

（一）第十三届全国人民代表大会第五次会议主席团和秘书长名单

（二）第十三届全国人民代表大会第五次会议主席团常务主席名单

（三）第十三届全国人民代表大会第五次会议副秘书长名单

三、大会立法

（一）《中华人民共和国地方各级人民代表大会和地方各级人民政府组织法（修正草案）》的说明

（二）关于《中华人民共和国地方各级人民代表大会和地方各级人民政府组织法（修正草案）》审议结果的报告

（三）《中华人民共和国香港特别行政区选举第十四届全国人民代表大会代表的办法（草案）》的说明

（四）《中华人民共和国澳门特别行政区选举第十四届全国人民代表大会代表的办法（草案）》的说明

（五）关于《中华人民共和国香港特别行政区选举第十四届全国人民代表大会代表的办法（草案）》审议结果的报告

（六）关于《中华人民共和国澳门特别行政区选举第十四届全国人民代表大会代表的办法（草案）》审议结果的报告

四、工作报告与决议决定

（一）关于政府工作报告的决议

（二）政府工作报告

（三）关于2021年国民经济和社会发展计划执行情况与2022年国民经济和社会发展计划的决议

（四）关于2021年国民经济和社会发展计划执行情况与2022年国民经济和社会发展计划草案的报告

（五）关于2021年国民经济和社会发展计划执行情况与2022年国民经济和社会发展计划草案的审查结果报告

（六）关于2021年中央和地方预算执行情况与2022年中央和地方预算的决议

（七）关于2021年中央和地方预算执行情况与2022年中央和地方预算草案的报告

（八）关于2021年中央和地方预算执行情况与2022年中央和地方预算草案的审查结果报告

（九）关于全国人民代表大会常务委员会工作报告的决议

（十）全国人民代表大会常务委员会工作报告

（十一）关于最高人民法院工作报告的决议

（十二）最高人民法院工作报告

（十三）关于最高人民检察院工作报告的决议

（十四）最高人民检察院工作报告

第六节　第十三届全国人民代表大会常务委员会会议

十六、第十六次会议

十七、第十七次会议

十八、第十八次会议

十九、第十九次会议

二十、第二十次会议

二十一、第二十一次会议

二十二、第二十二次会议

二十三、第二十三次会议

二十四、第二十四次会议

二十五、第二十五次会议

二十六、第二十六次会议

二十七、第二十七次会议

二十八、第二十八次会议

二十九、第二十九次会议

三十、第三十次会议

三十一、第三十一次会议

三十二、第三十二次会议

三十三、第三十三次会议

三十四、第三十四次会议

丛书后记

我国的人民代表大会制度，是中国共产党领导人民在长期革命斗争中创造的一种新的政权组织形式。1949 年 9 月 29 日，中国人民政治协商会议第一届全体会议通过的《中国人民政治协商会议共同纲领》提出：“中华人民共和国的国家政权属于人民。人民行使国家政权的机关为各级人民代表大会和各级人民政府。”人民代表大会制度由此确定。1949 年至 1954 年 8 月，从中国人民政治协商会议和地方各界人民代表会议向各级人民代表大会过渡。1954 年 9 月，第一届全国人民代表大会第一次会议召开，我国人民代表大会制度建立。至今，人民代表大会制度走过了 70 年，回顾这 70 年历程，从 1954 年到 1966 年人民代表大会制度全面确立并曲折发展；“文化大革命”的 10 年，人民代表大会制度遭受严重破坏；从粉碎“四人帮”特别是党的十一届三中全会开始，人民代表大会制度得到恢复和进一步健全，人大工作取得重大进展。党的十八大以来，我们党立足新的历史方位，深刻把握我国社会主要矛盾发生的新变化，积极回应人民群众对民主法治的新要求新期盼，着力推进国家治理体系和治理能力现代化，健全人民当家作主制度体系，加强基层政权建设，改进人大代表工作，人大工作取得历史性成就，人民代表大会制度更加成熟、更加定型。

《中国特色社会主义根本政治制度——人民代表大会制度纪实》丛书，则是尽可能通过整理历史文献的方式，记录和展现人民代表大会制度确立、曲折发展、不断健全、逐步成熟、完善定型的制度发展和人大工作全貌。项目实施过程，是回顾中国特色社会主义根本政治制度逐渐完善的过程，是汇集70年来历代人大工作者工作成就和艰辛探索的过程。同时，也是编写团队记录、整理、学习，以及勤奋耕耘的过程。该丛书具体构成和分工如下：

《人民代表大会制度引论》，万其刚著；《人民代表大会制度发展历程》，万其刚著；《人大选举制度和任免制度》，徐丛华著；《人大立法制度》，主编：张生，副主编：刘舟祺、邹亚莎、罗冠男；《人大代表工作制度》，章林、李跃乾、刘福军、王仰飞编著；《人大讨论决定重大事项制度》，任佩文、吴克非、王亚楠编著；《人大监督制度》，吉卫国著；《人大会议制度》，陈家刚、蔡金花、隋斌斌著；《人大对外交往工作》，王柱国、陈佳美思、庞明、刘亚宁编著；《人大自身建设》，唐亮、万恒易、梁明编著；《人大选举和任免工作纪实》，主编：任佩文，副主编：王亚楠；《人大代表工作纪实》，主编：任佩文，副主编：吴克非；《人大会议工作纪实（目录）》，主编：李正斌，副主编：高嵩；《人大立法工作纪实（目录）》，主编：曾庆辉，副主编：邱晶；《人大监督工作纪实（目录）》，主编：曾庆辉，副主编：邱晶。

上述作者分别来自全国人大、北京市人大、安徽省人大、兰州市人大、人民代表报、中国社会科学院法学所、北京联合大学、西安交通大学、西北师范大学、江西师范大学、中共广东省委党校等单位，既有一直从事人大制度研究的学者，也有长期从事人大工作的实务工作者。

限于出版篇幅，丛书暂未收录地方人大相关文献；同时，适应出版新形态的需要，部分工作纪实将目录纸质出版，具体内容同步以数据库方式出版。参与数据库编纂工作的人员有杨积堂、周小华、王维国、崔英楠、曾庆辉、邱晶、李正斌、高嚣、王柱国、陈佳美思、庞明、刘亚宁、任佩文、吴克非、王亚楠、刘宇、周悦、曹倩、赵树荣、姜素兰、王岩、魏启秀、沙作金、马磊、张新勇、李少军、喻思敏、钟志龙、王婷、邱纪贤、钮红然、祝蓉、陈敏、杨世禹、常晓璐、周义、王乔松、梅润生、杨娇、周鹏、李俊、杨蕙铭、徐博智、于淼、陈东红、冯兆惠、石亚楠等同志。丛书由杨积堂和吴高盛担任执行总主编并负责统稿。

“中国特色社会主义根本政治制度——人民代表大会制度纪实”是所有参与人员努力协作的成果，由于时间跨度大，内容交叉多，为了尽可能反映 70 年来人大工作的全貌，各部分作者之间反复进行沟通、协调，力求内容准确全面，同时尽可能避免重复。在编写过程中，每一位作者、编辑都倾尽全力，以高度的责任感和使命感投入工作，翻阅了大量文献资料，进行了深入研究与探讨。虽然我们已竭尽全力，但深知丛书一定存在不足之处，我们期待着读者的反馈与建议，以便在未来不断改进和完善。

在丛书即将出版之际，我们要特别感谢全国人大图书馆为文献查阅提供的帮助和支持，感谢北京联合大学人民代表大会制度研究所从选题策划到最终编写全过程给予的大力支持。中国民主法制出版社刘海涛社长、贾兵伟副总经理带领团队，对丛书编写、审读、编辑、出版的每一个环节给予严谨的指导和热忱的帮助，责任编辑张霞、负责数据库开发的翟锦严谨、敬业，在此一并表达敬意和感谢。

习近平总书记强调："人民代表大会制度，坚持中国共产党领导，坚持马克思主义国家学说的基本原则，适应人民民主专政的国体，有效保证国家沿着社会主义道路前进。人民代表大会制度，坚持国家一切权力属于人民，最大限度保障人民当家作主，把党的领导、人民当家作主、依法治国有机统一起来，有效保证国家治理跳出治乱兴衰的历史周期率。人民代表大会制度，正确处理事关国家前途命运的一系列重大政治关系，实现国家统一高效组织各项事业，维护国家统一和民族团结，有效保证国家政治生活既充满活力又安定有序。"值此全国人民代表大会成立 70 周年之际，我们希望这套丛书能够为人民代表大会制度研究和实务工作的更好开展尽绵薄之力，把国家根本政治制度坚持好、完善好、运行好、宣传好，努力开创人大工作新局面。

编　者